【信州】

東御《とうみ》食の風土記

とうみ食の風土記編纂委員会　編

地域の自然と風土のなかで育まれてきた東御市の食の伝統と文化を後世に！

日照時間が長く、降水量が少ない準高冷地の内陸性気候の東御市は、まちを東西に横断して流れる千曲川の北側には浅間連峰に向かって南斜面の扇状地が広がり、その南側には蓼科火山の泥流によってできた台地の強粘土質土壌が広がる。先達たちは縄文の昔から地の利を活かし、自然と共生しながらこの地で生活を営み、東御ならではの農産物や食文化を形づくってきた。

農業がおもな産業であった昭和三十年代までは、どこの家でもせんざい畑や山野、川池で季節ごとにとれる食材を使って、女衆が家族の「命」を気づかいながら日々料理をつくり、どんなに忙しい時でも家族そろって食卓を囲み、自然の恵みに感謝しながら食べてきた。当時は庭先では鶏や山羊、うさぎを飼い、子どもも貴重な働き手として、家畜の餌となる草刈りや乳しぼりを、また農繁期には田畑の仕事を手伝った。忙しい農作業がつづく日々のなかにあっても、季節ごとに地域あげての行事や家族・親族の祝い事があり、その時ばかりはごちそうをつくって食べた。

その後、昭和三十年代から四十年代にかけての高度経済成長を経て、産業構造も暮らし様式も大きく変わった。見た目には豊かで便利な生活となったが、身近にあった食は生産現場から遠く離れ、食に対する感謝の気持ちが薄れている。また、地域の行事や冠婚葬祭を通じて受け継がれてきた食の伝統や地域の絆も薄れつつある。

食は地域の自然と風土のなかで、先達たちの汗にじむ努力と蓄えてきた知恵によってじっくりと育まれ、受け継がれてきた。この誇り高き東御市の食の伝統と文化を、農の営みが育む自然の連鎖や地域の絆とともに長く後世に引き継いでいきたいものである。

東部地区の食材マップ

烏帽子山
湯ノ丸山
篭ノ登山
殿城山
湯ノ丸高原
浅間山
三方ヶ峰
大田区休養村とうふ
大室山
上田市
和地区
湯楽里館
児玉山
城山
上信越自動車道
大屋駅
祢津地区
東部湯の丸インター
滋野地区
海野宿
田中駅
田中地区
道の駅
雷電くるみの里
国道 18 号線
しなの鉄道
千曲川
滋野駅
道の駅みまき
小諸駅
東部地区
北御牧地区
小諸市
明神池
明神館
梅野記念絵画館
・ふれあい館
立科町
鹿曲川

北御牧地区から東部地区方面を望む

東御市を東西に横切って流れる千曲川の北側、浅間連峰の裾野に広がる扇状地帯である。気象的には準高原的で、雨量は年間九〇〇㎜程度の少雨地帯。南斜面になるため、朝から夕方まで陽があたる日当たりのよい地形である。その一方で夜は気温がぐっと下がり、昼夜の寒暖の差が大きい。

こうした地形や気候の条件はぶどうやりんごなど果樹の生産に好適で、糖度の高い高品質な農産物を産んでいる。

北御牧地区の食材マップ

烏帽子山
湯ノ丸山
篭ノ登山
殿城山
湯ノ丸高原
浅間山
三方ヶ峰
大田区休養村とうぶ
大室山
田市
和地区
湯楽里館
児玉山
城山
上信越自動車道
屋駅
祢津地区
滋野地区
海野宿
田中駅
田中地区
国道 18 号線
しなの鉄道
千曲川
滋野駅
小諸駅
東部地区
道の駅みまき
明神池
明神館
北御牧地区
小諸市
北御牧地区
梅野記念絵画館
・ふれあい館
立科町
鹿曲川

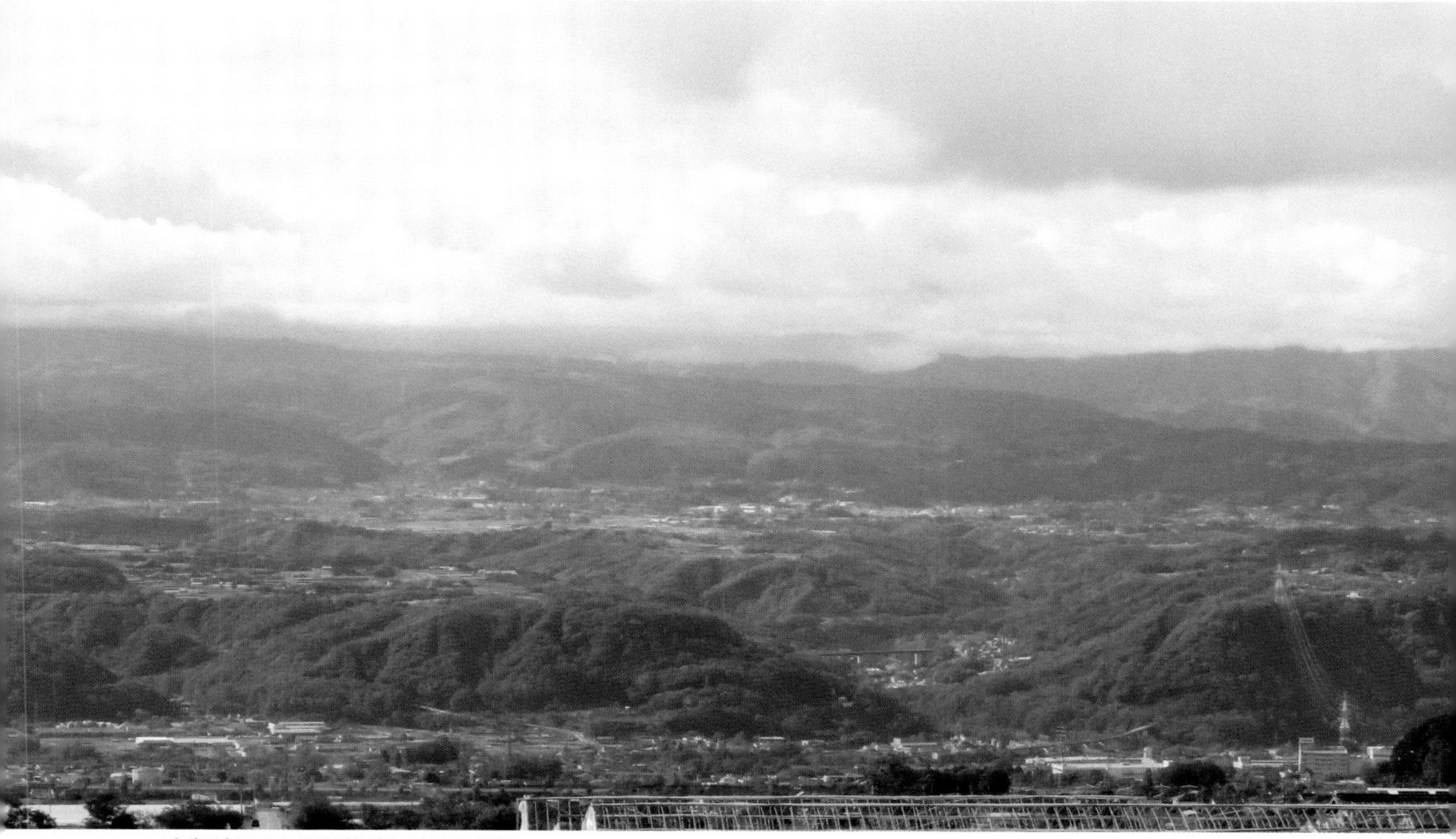

東部地区から北御牧地区方面を望む

千曲川の南側に位置し、中央を南北に鹿曲川が流れ、その川の東には御牧原台地、西には八重原台地が広がる。標高が六〇〇〜八〇〇ｍの台地と川沿いの五〇〇〜五五〇ｍの低地からなっている。年間降水量は八〇〇㎜前後の寡雨地帯で、昔から水不足に悩まされてきた。そのため、両台地には大小合わせて二〇〇を超えるため池がある。

粘土質の強い洪積層埴土の土壌では、米や野菜がよりおいしくなるといわれ、米やじゃがいもなど多くの特産品が栽培されてきた。

東御市の文化施設案内

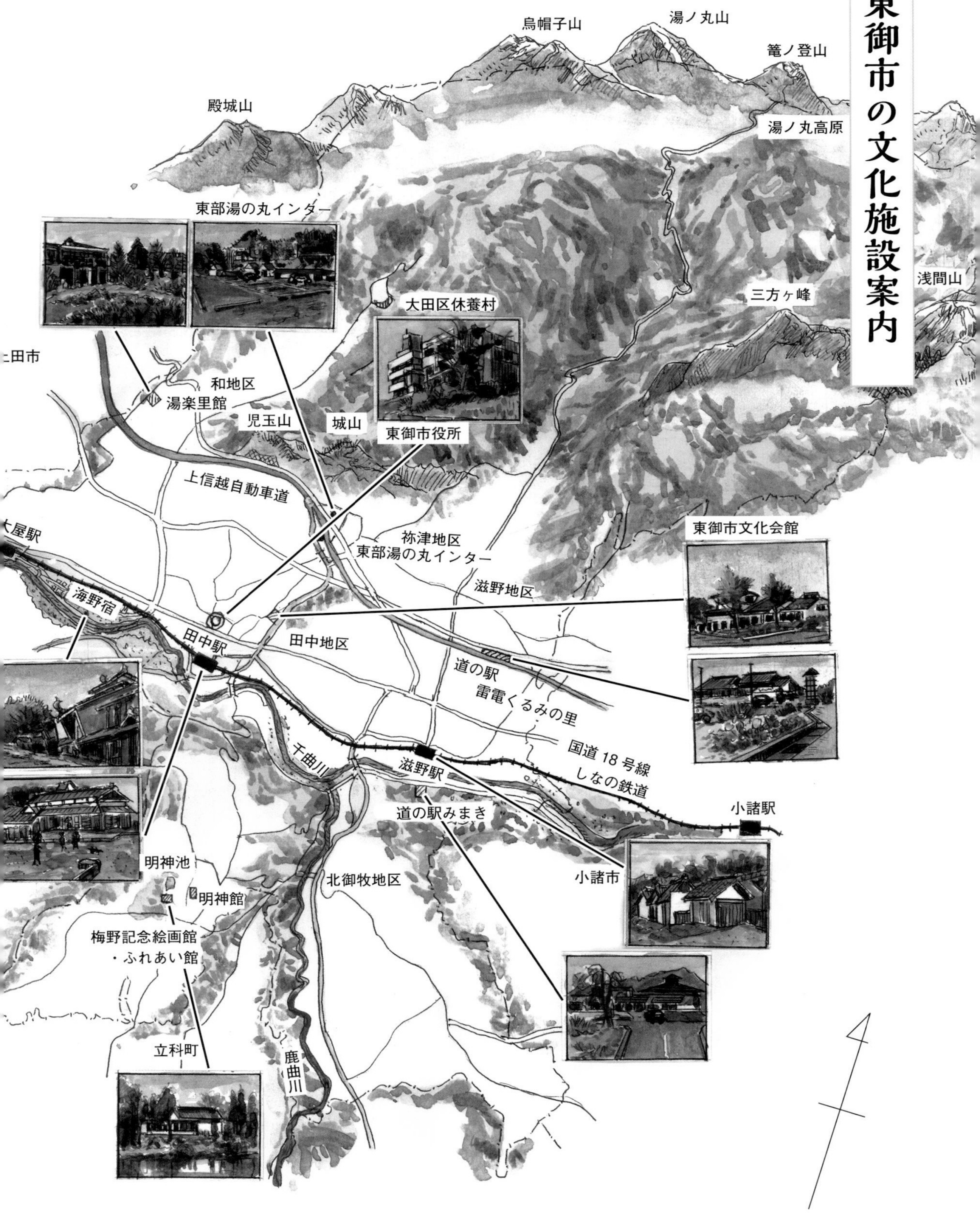

烏帽子山
湯ノ丸山
篭ノ登山
殿城山
湯ノ丸高原
東部湯の丸インター
浅間山
三方ヶ峰
大田区休養村
上田市
和地区
湯楽里館
児玉山
城山
東御市役所
上信越自動車道
大屋駅
祢津地区
東部湯の丸インター
東御市文化会館
滋野地区
海野宿
田中駅
田中地区
道の駅
雷電くるみの里
国道 18 号線
しなの鉄道
千曲川
滋野駅
道の駅みまき
小諸駅
小諸市
明神池
明神館
北御牧地区
梅野記念絵画館
・ふれあい館
立科町
鹿曲川

引き継ぎたい東御の行事と食

四季の食材と料理

春（3～5月）

芽吹きの季節

冬の間に体にたまった毒素は、春の山菜や野菜にある苦味で追い出せといわれる。

主な行事

ひな祭り、お彼岸、端午の節句、春祭り、八十八夜

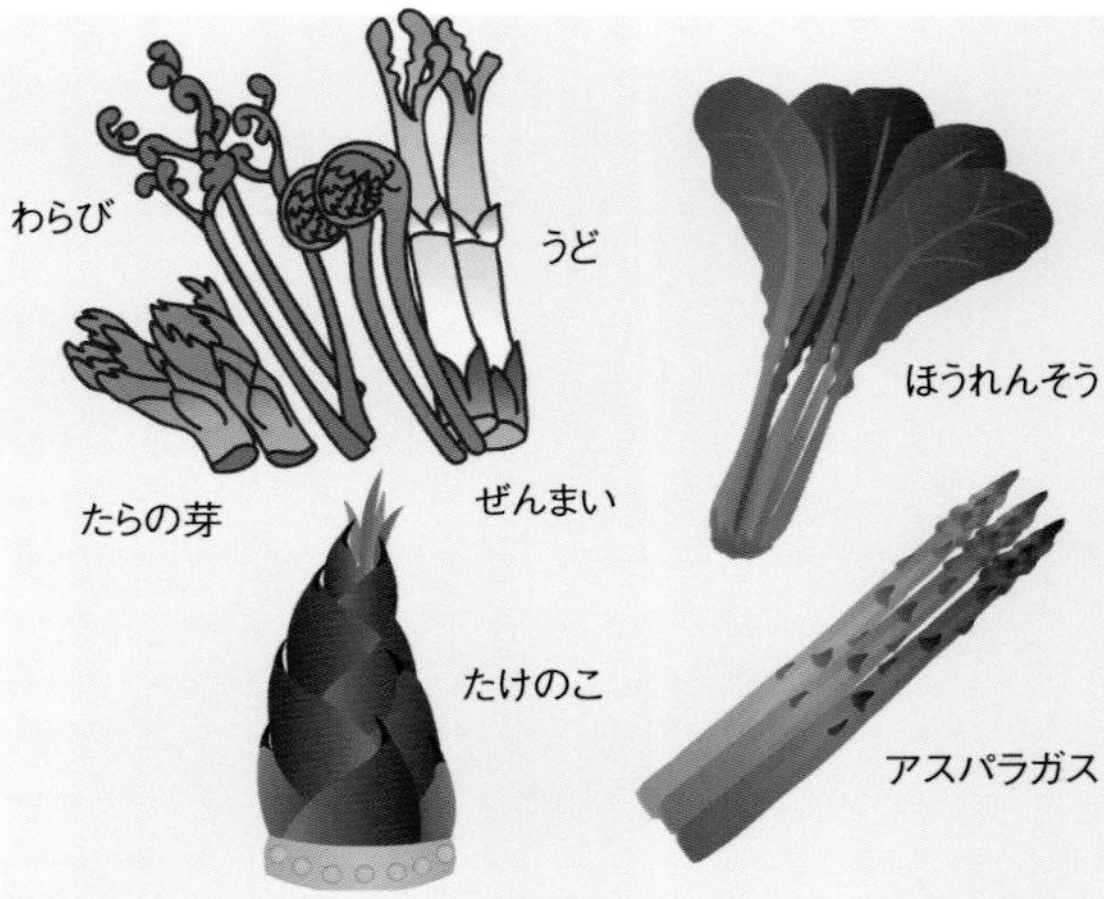

主な食材

とう立ち菜（野沢菜、白菜など）、ほうれんそう、にら、アスパラガス、たけのこ、ふきのとう、わらび、うど、たらの芽、ぜんまい、よもぎ

にらせんべい

柏もち

ほうれんそうのクルミ和え

きゃらぶき

夏（6～8月）

じゃがいもの煮しめ

おやき

田植え煮物

梅漬け

実をつける野菜の季節

ぶら下がっている夏野菜（果菜）は水分を多く含み、体を冷やしてくれる。

主な食材

きゅうり、なす、みょうが、じゃがいも、たまねぎ、かぼちゃ、とうもろこし、すいか、まくわうり、トマト、すべりひゆ、梅

主な行事

祇園祭、七夕、お盆

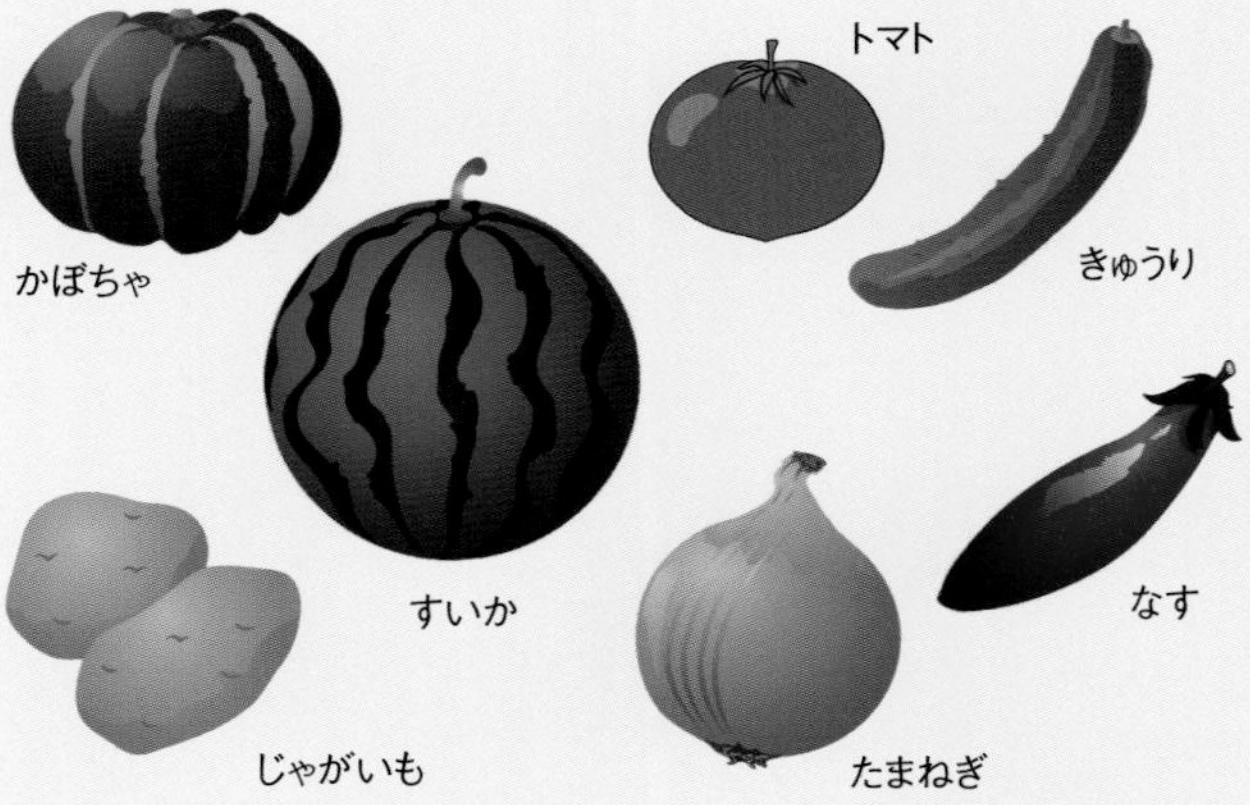

冬（12～2月）

根菜と葉物野菜の季節

冬囲いした根菜類や葉物を干し野菜や漬物とともに食べて冬を乗り切る。

主な行事

冬至、大晦日、元旦、七草がゆ、どんど焼き、節分

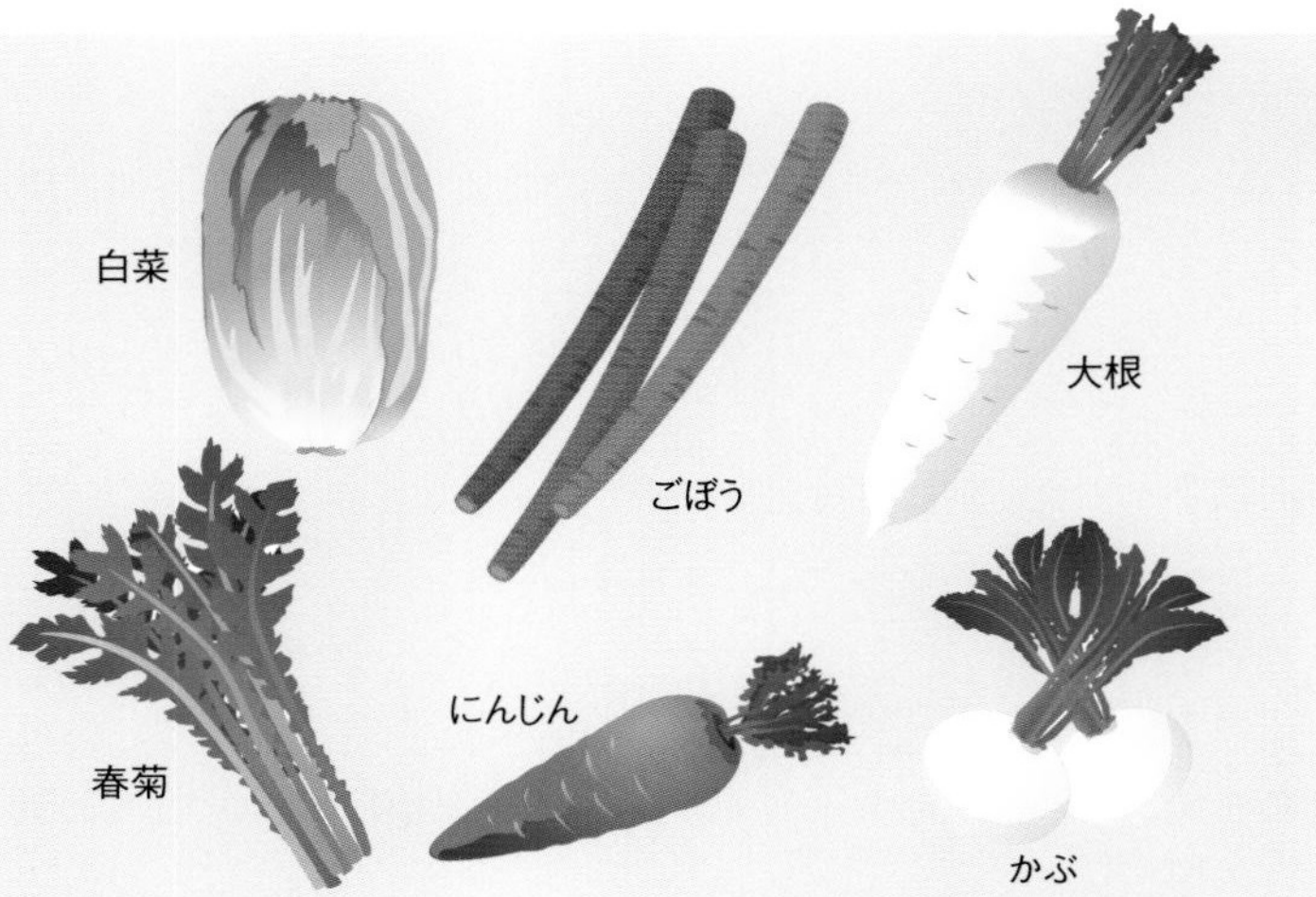

主な食材　大根、かぶ、ごぼう、にんじん、白菜、春菊
（加工品）凍み大根、切干し大根、いも干し、干し柿

干し柿

切干し大根

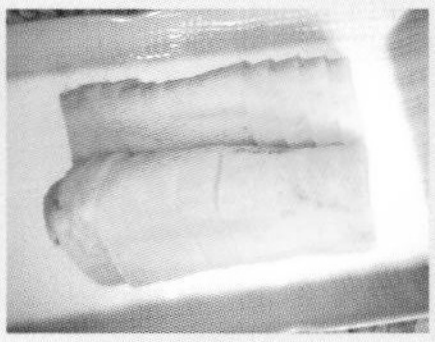
たくあん漬け

野沢菜漬け

秋（9～11月）

実りの季節

根菜・豆類、果物など収穫物をたくさん食べて栄養を蓄えて冬に備える。

新米のごはん

クルミのおはぎ

イナゴのつくだ煮

大豆の五目煮

主な食材　おろ抜き菜（野沢菜、大根など）、さといも、さつまいも、玉菜（キャベツ）、長ねぎ、大豆、柿、ぶどう、りんご、きのこ、クルミ、いなご、たにし

主な行事

中秋の名月、お彼岸、えびす講、勤労感謝の日

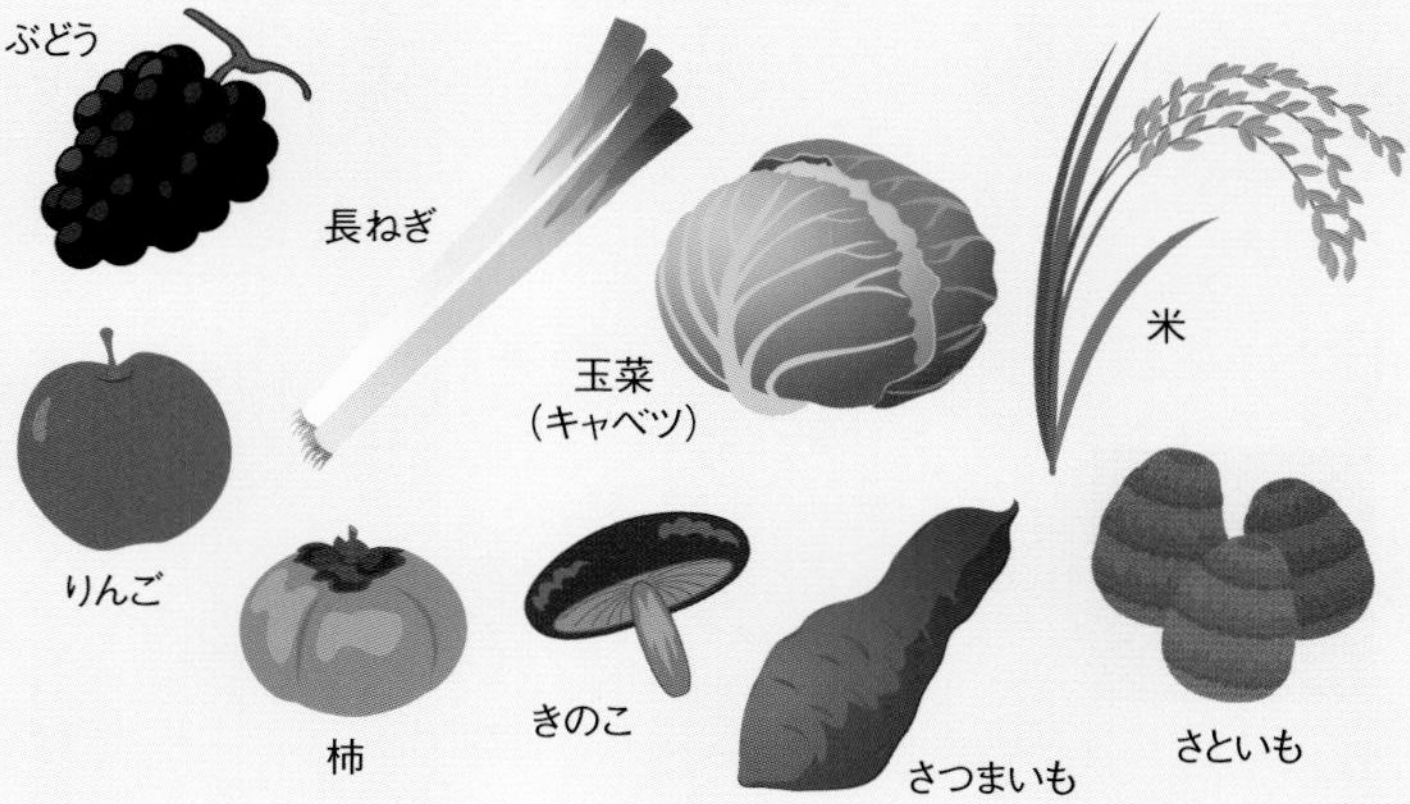

（「第三章　四季のめぐみと食生活」参照）

四季の行事と食

冬

十二月八日

農家納め

おもち、赤飯

一年の節目となる農家の仕事納めの日で、神棚におもちや赤飯を供えて田の神様に感謝する。このあと田の神様は山へと帰る。

十二月二十二日

冬至

かぼちゃの煮つけ、こんにゃくの田楽、およごし、かぼちゃぼうとう

一年で一番日の短い日であり、翌日から日ごとに日が長くなる喜びを感じる太陽復活の日。寒い冬を乗り切るために、栄養価の高いかぼちゃを食べ、胃腸に一年間でたまった砂（不純物）をはらうためにこんにゃくを食べる。ゆず湯に入る。

かぼちゃぼうとう

十二月二十八日

官公庁の仕事納め／しめ飾りの飾りつけ

しめ飾りをつくり、飾りつける（二十九日は避ける。また、一夜飾りになるため三十一日にも行わない）。

十二月三十一日

年取り

年取りの膳：新米のごはん、おせち料理（野菜の煮物、田作り、数の子、鮭の粕煮、なます、きんぴら、酢だこ、昆布巻き、ひたし豆、黒豆、きんとん）

年神様やえびす様をお迎えし、尾頭つきの魚や酒、煮物などをお膳にのせて供え、一年間の家内安全や無病息災に感謝する。

※廃鶏やうさぎなどは行事の際にさばかれてごちそうとして使われた。骨までだんごにして食べた。

鮭の粕煮

一月一日

元旦

おせち料理と雑煮

一年の幸せを願って若水（冷たい井戸水）をくんで神棚に供える。家族そろって新年を迎え、慎みのなかで一日を過ごす（お金は使わず、掃きだす掃除もせず、いやな言葉や顔をしない）。年神様にあげたもちと野菜、さといもなどでお雑煮をいただく。

お雑煮

一月二日

仕事はじめ／書き初め

とろろ汁（山芋汁）

今年の仕事（家事仕事も含む）が順調に行きますようにと生業に少し取りかかる（針仕事なども）。

一月六日

六日年取り（年越し）

年取りに準じた料理

正月（松の内）が終わる日。戸口に「カニ」と書いて紙を貼る。災いをハサミで切って幸せをカキ（カニ）集めるという意味がある。

一月七日

七草がゆ

春の七草（せり、なずな、ごぎょう、はこべら、ほとけのざ、すずな、すずしろ）

新年の若葉から新しい生命力をいただく。冬の野菜不足を補給し、正月料理でもたれた胃を休める意味がある。春の七草というが、間に合う野草を使う。

春の七草

冬

一月十一日

鏡開き

鏡もちを使ったおしる粉

鏡開きは縁が切れないようにと「切る」や「割る」の言葉は使わずに「開く」といい、木槌で鏡もちをたたく。

一月十三日

ものづくり

稲の花、まゆ玉（まゆ、野菜、果物）、小判など

豊作を願い、柳の枝に稲の花やまゆ玉をさして座敷や神棚、氏神様、仏様、井戸、便所などに飾る（一夜飾りをしてはいけない）。

稲の花（ものづくり）

一月十五日

どんど焼き

正月飾りや書き初め、だるまなどを持ち寄って焼き、十三日につくった「ものづくり」を焼いて食べる。焼いた「ものづくり」を食べると一年間病気をしないといわれる。

どんど焼き

一月二十日

初えびす／女正月

尾頭つきの魚、煮物、お神酒（灯明）、太うどん

二十日にえびす様が稼ぎに出かけるので十九日の前夜祭としてごちそうを供える。太うどんはたくさんの稼ぎを引いてくるようにとの願いをこめた（所によってはたくさんの稼ぎを背負ってくるようにと、そばを供える）。

二月三日

節分

大豆（炒り豆）、とろろ汁

一升ますに炒り豆を入れて神棚に供えてから、各部屋を開けて大声で「鬼は外、福は内」といって豆をまいた。豆を年齢の数だけ食べると一年間風邪にかからないといわれる。残りの豆は雷除けとして残しておく。

炒り豆

立春後の最初の丑の日

初午／道祖神

油揚げの炊き込みごはん、もち

初午にはお稲荷様やお蚕様のかけ軸をかけ、ごはんともちを供える。

道祖神の顔にあんこや小麦粉をぬりつけ、その前でもちの交換をしたり、近所に配ったりする。男の子が生まれた家では、わら馬をつくり、もちをのせて道祖神まで引いていってお参りする。わら馬は屋根に投げ、子どもの成長を祈る。

道祖神

春

三月三日

ひな祭り

ちらしずし、甘酒、あられ、ひしもち（もちの色の赤は桃、緑は青葉、白は純白雪の色を表す）

ひな人形を飾り、女の子の成長と幸せを願う。

ひな飾り

三月十九日

十九夜念仏

だんご、持ち寄りの料理

安産や子どもの健康を守る仏様で、女衆が公民館や家に集まり、観音様をまつり、だんごやお茶うけを供えて念仏を唱える。

十九夜念仏

三月二十日前後

お彼岸・中日

だんご、ぼたもち（あんこ、ごま、クルミ）、天ぷら、野菜のクルミ和えなど

彼岸の入りから明けまで七日間。お墓参りをしてご先祖様を供養する。仏壇にもごちそうを供える。

ぼたもち

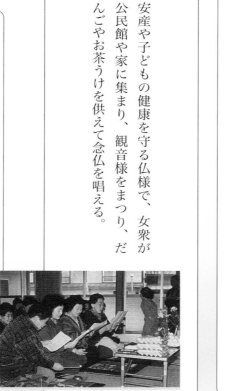

四月八日

甘茶祭り

甘茶

お釈迦様の誕生を祝うお祭りで、安産と子どもの成長を祈る。

四月中・下旬

春の村祭り

赤飯、草もち、煮物、せり、うどのクルミ和え

鎮守様に豊作を祈願する。お祭りに合わせて嫁いだ娘たちが里帰りする。

五月五日

端午の節句

※柏の葉がとれる時期に合わせて六月に行うところもある

柏もち（小豆あん、味噌あん）、赤飯、ちらしずし

男の子のすこやかな成長を祈って鯉のぼりを揚げる。また、柏の葉を山からとってきて柏もちをつくる。家まわりに柏の木を植えてある家も多い。菖蒲とヨモギを家の軒にさして厄払いし、菖蒲を湯舟に入れて健康を祈る。

柏もち

夏

六月

田植え

大きなおむすび（きなこ、塩）、煮物

家族や近所の人たちが総出で行う田植えの時期は一年のなかでもっとも忙しく、お昼に大きなおむすびと煮物を食べて体力をつける。

田植え煮物

七月

土用　丑の日

うなぎ、どじょう

もっとも暑い時期に栄養補給として「う」のつくものを食べて健康を保持する。夏だいこんに味噌をつけて食べる。

八月一日

お墓掃除

おまんじゅう（あん、なす）

ご先祖様が岩戸を開けて、こちらへ向かって旅立つ日。「戌の満水」（一七四二年に千曲川であった大洪水）などの洪水災害の供養と合わせて、お盆を迎える準備としてお墓の掃除をする。

八月七日

七夕

七夕まんじゅう

短冊に願いを書いて笹竹に飾り、新しい小麦粉のまんじゅうと夏野菜を供える。

七夕の時期にとれる夏野菜

八月十三日〜十六日

お盆

天ぷら、塩ます、そうめん、おやき、冷やっこ、塩丸いかの酢の物、きゅうりの粕もみ、赤飯

一年に一度お帰りになるご先祖様をお迎えする。座敷に茅で編んだゴザを使って盆棚をつくり、ご先祖様の位牌をならべる。盆棚の上には果物や盆花、提灯、なすでつくる牛ときゅうりでつくる馬を供える。

盆飾り（新盆）

秋

九月二十日ころ

お彼岸

だんご、おはぎ（小豆あん、ごま、クルミ）、天ぷら

株分けの日を中心に入りから明けまでの一週間。お墓参りをして、先祖を供養する。仏壇にもごちそうを供える。

九月下旬

稲刈り

おひつごはん、じゃがいもの油味噌、味噌漬け、白菜の漬物

日も少しずつ短くなってくるため、この時期は家に帰るのを惜しんで田んぼで昼ごはんを食べる。

十月

運動会

いなりずし、巻きずし、里芋の煮物などのごちそう

農繁期であるが、地域を挙げての娯楽であり、子どもたちの成長を楽しみ、住民同士の交流・親睦を深める。

十一月二十日～二十三日

えびす講

新米のごはん、さんま、いわし（尾頭つき）

稼ぎに出ていたえびす様が帰られる日。「お帰りなさい、ご苦労様」と感謝し、一年の収穫を祝う。新米を炊き、尾頭つきのさんまかいわしを供える。まとまった収入が入るため、冬支度の買い物をする。

十一月二十三日

勤労感謝の日（新嘗祭）

新米のごはん

新米をお供えして収穫と勤労に感謝する。

稲刈り前の田んぼ

いなりずしと巻きずし

人の一生と食

人の一生には、この世に命を授かった時から健康と幸せを願って、健やかな成長や入園・入学、成人、結婚、長寿を見守るさまざまな祝い事がある。そして、最後は葬儀を経て家の先祖になる。年忌の法要を重ねながらやがて村の先祖になっていく。（「第五章　人の一生と祝い事の食」参照）

子ども期の祝い

〈行事〉	〈いわれ〉	〈料理〉
お七夜	健康状態がよくわかる七日目に人間界に迎え入れ、子どもの名前をつける。	▼赤飯、尾頭つきの魚
お宮参り	生まれてから三十一日目ごろに近くの神社に子どものお披露目に行く。	▼赤飯、おひねり（米を半紙に包んだもの）を供える
お食い初め	生後百日目ごろに、お膳一式を用意して子どもに食べさせる儀式を行う。	▼ごはん（あるいは赤飯）、汁物、尾頭つきの魚、小石
初誕生	満一歳を迎えると、健康や成長を願って子どもに一升もちを背負わせる。	▼一升もち（しょうぶ湯に入る）
初節句	誕生して初めての節句。男児は五月五日に、女児は三月三日に行う。	▼男の子：柏もち 女の子：紅白のひしもち、ひなあられ、甘酒
七五三	女児は三歳と七歳、男児は三歳と五歳の時に神社でお祓いをしてもらう。	▼赤飯
入園・入学	家族・親戚で子どもの成長を祝って赤飯を炊き、神棚や仏壇にお供えする。	▼赤飯

ひな飾り

初誕生

お食い初めの膳

時期	〈行事〉	〈いわれ〉	〈料理〉
成人期のお祝い	成人祝	戦後になってから公民館などで成人式が行われるようになった。	▼赤飯
成人期のお祝い	結婚祝　結納（樽入れ）	結納は樽入れとかねて行うところもある。結婚の話が決まったあと吉日を選んで行う（昆布、するめ、かつお節、酒など縁起のよいものを届ける）	▼赤飯、吸い物、魚、煮物、茶碗蒸し、酢の物、刺身
成人期のお祝い	結婚祝　見立ての儀	嫁（婿）入りの前に隣近所や友人・知人を招待し、花嫁（花婿）姿を披露する。	▼赤飯、ひたし豆、吸い物、かずのこ、ごまめ、結び昆布、煮しめ、刺身、かまぼこ、卵焼き、
成人期のお祝い	結婚祝　結婚式披露宴	両家の親族の前で三三九度の盃ごとをして契りを交わしたあと、披露宴を行う。	▼見立ての儀と同じ
成人期のお祝い	妊娠・お産	出産前の妊婦は栄養にはとくに気をつけた。	▼煮干し、いなご、どーさん湯、かつお節、鯉こく
老年期のお祝い	長寿の祝い	（六〇歳：還暦／七〇歳：古希／七七歳：喜寿／八八歳：米寿／九九歳：白寿）六〇歳以降は、節目ごとに健康や長寿を祝い、さらなる無事を祈ってお祝いする。	▼赤飯
死後の法要	お葬式	人が亡くなると北枕で寝かせ、枕元にお膳を置き、生だんごや枕飯などを供える。	▼（死者の供え物）生だんご、枕飯
死後の法要	精進落とし	葬儀のあとにお斉《とき》の席が設けられ、酒や精進料理で故人をしのぶ。	▼だんご、黒豆おこわ、天ぷら、ひじきと油揚げの煮付け、きんぴらごぼう、からし豆腐、こんにゃくの白和え、おひたし、切干し大根の煮付け、煮物、吸い物、鱒のゆでたもの
死後の法要	年忌供養	四十九日のあとは節目となる年ごとに供養を行う（一周忌、三回忌、七回忌、一三回忌、一七回忌、二三回忌、三三回忌）。	▼精進落としとほぼ同じ

結婚式

鯉こく

長寿の祝い

精進落としの膳

引き継ぎたい東御の食

レシピ集

① たけのこごはん

材料（4人分）

- 米　2カップ
- ゆでたけのこ　150g
- にんじん　50g
- 油揚げ　1枚
- A
  - だし汁　1・5カップ
  - 薄口醤油　大さじ2・5
  - みりん　大さじ2・5
- さんしょうの葉　少々

つくり方

❶米は炊く30分前に洗い、ザルに上げておく。
❷たけのこは根元のほうを短冊に切り、穂先のほうは薄い菱形に切る。
❸油揚げは油抜きし、細切りにする。
❹Aで具材を煮て、①といっしょにし、水を分量まで加えて炊く。
❺器に盛ってさんしょうの葉を散らす。

② クルミのおはぎ

材料（15〜16個分）

- もち米　2カップ
- うるち米　1カップ
- むきグルミ　150g
- 砂糖　80g
- 醤油　大さじ1・5
- 水　40cc程度

つくり方

❶クルミを炒り、鬼皮をとってすり鉢ですり、さらに砂糖と醤油を加えて混ぜながらする。
❷加減しながら水を加えて、クルミだれをつくる。
❸米は洗って規定の目盛りの水で炊き、炊き上がったらすりこぎで8分くらいつぶす（つぶす度合いは好みによる）。
❹③を丸めてクルミだれをからめる。

③ こねつけ

材料（4個分）

冷やごはん　200g
地粉　100g

A
砂糖　大1・5
醤油　大1・5
水　80cc

つくり方

❶ごはんは水で洗い、地粉と混ぜて丸める。
❷フライパンに多めの油を熱し、①の両面を焼く。
❸Aのタレを混ぜからめる。

④ 草もち

材料（12個分）

上新粉　250g
砂糖　大さじ3
熱湯　250cc
よもぎ　70～80g
重曹　小さじ1／2
小豆あん　250g
（砂糖は7割、塩少々）

つくり方

❶ボールに上新粉と砂糖を入れ、湯を少しずつ加えながら菜箸で水分がゆき渡るように混ぜ合わせてから手でこねる。
❷蒸し器に布かペーパーを敷き、①をちぎって入れ、強火で15分蒸す。
❸②をすり鉢に取り出し、用意したよもぎを入れてすりこ木ですりつぶし、手で混ぜながらよくこねる。
❹③を12等分してそれぞれ円形に伸ばして皮をつくり、あんを包み、中火で5分蒸す。

◆小豆あんのつくり方

・洗ってから弱火でゆで、煮立ったらゆでこぼし、再び水を入れて煮る。
・一晩そのまま置くと、アク水になるので、それも捨てて、新しく水を入れて煮る。
・やわらかくなったらつぶし、練りながら砂糖と塩を加える。

◆よもぎの準備

・4月中旬ころ、やわらかいところをつみとり、重曹を入れた熱湯でゆでて、水にさらす。
・水分をよくしぼって、包丁でたたいてから使う。小分けして冷凍も可能。

◆柏もちをつくる場合

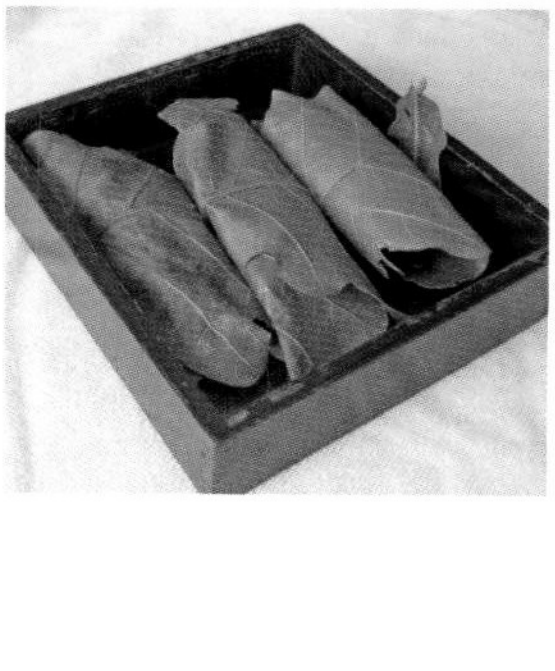

・柏の葉はたっぷりの湯で、色が変わるまで7、8分ほどゆでて水にさらす。
・その柏の葉で草もちを包む。

5 すいとん（つみ入れ）

材料（4人分）

地粉	150g
水	150cc
湯	5カップ
味噌	大さじ2
（または醤油	大さじ2）
長ねぎ	1本
A 大根	50g
A にんじん	30g
A ごぼう	30g
A 白菜	1枚

つくり方

❶ボールに粉を入れ、水を注いで混ぜ合わせておく。

❷鍋に湯と具材の野菜Aを入れて煮立て、味噌で味をつける（醤油味もよい）。

❸②の汁に①をさじですくって落として煮る。中まで火が通ったらお椀に盛り、長ねぎ（小口切り）を散らす。

6 にらせんべい

材料（1枚分）

にら	40g
小麦粉	100g
水	150cc
味噌	40g
油	大さじ1

つくり方

❶ボールに小麦粉と1cmに切ったにらを入れて混ぜ合わせる。

❷別に味噌と水を加えて溶かし、①に注ぎ入れてよく混ぜ合わせる。

❸フライパンを熱して油をひいて、②を一度に入れて平らに伸ばし、両面をこんがりと焼く。

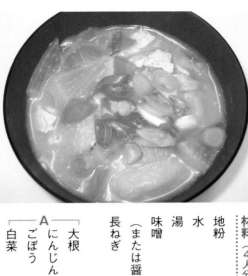

7 大豆の五目煮

材料

ゆで大豆　2カップ
にんじん　※以下の野菜は適量
こんにゃく
こんぶ
干ししいたけ
ごぼう
だし汁（干ししいたけの戻し汁）
※具材の量に合わせる（つくり方①参照）。

A
砂糖　大さじ3
醤油　大さじ2
酒　大さじ2

つくり方

❶だし汁に具材を入れ（ひたひたになる程度に）、Aを加えてアクをとりながら煮詰める。
❷汁けを少し残して火を止める。

8 じゃがいもの煮しめ

材料（4人分）

じゃがいも　300g
にんじん　100g
干ししいたけ　中3枚
こんぶ　10cm角1枚
ちくわ　1本
煮干し　5、6尾
だし汁（干ししいたけのもどし汁）
酒　2、3カップ
みりん　大さじ2
醤油　大さじ1

つくり方

❶じゃがいも、にんじんは皮をむいてひと口大に切る。ちくわは斜め切り、干ししいたけ、こんぶは水にもどしてひと口大に切る。
❷鍋に頭をとった煮干し、こんぶ、しいたけ、にんじん、じゃがいもの順に重ね入れ、だし汁をそそいで煮る。
❸じゃがいもがやわらかくなったら、みりんと醤油で調味し、弱火で煮て、味を含ませる。

9 凍み大根の煮物

材料

凍み大根　50g
にんじん　中1本
ちくわ　1本
さつま揚げ　1枚
A
水　約2カップ
砂糖　小さじ1
醤油　大さじ3
みりん　大さじ3

つくり方

❶凍み大根は洗って水に浸し、水を変えながら1日半程度置く。もどした凍み大根は米のとぎ汁でひと煮立ちさせ、冷めるまでそのままおき、流水で流してぎゅっとしぼる。
❷にんじんは拍子木切りに、さつま揚げはひと口大の大きさに、ちくわは斜め切りにする。
❸Aを煮立たせて具材を入れ、中～弱火でじっくり煮て、味を含ませる。
※凍み大根のつくり方：寒い冬の間に大根を親指大に切りそろえて、鉛筆の太さになるくらいまで干しあげて保存する

10 きゃらぶき

材料

野ぶき　1kg
A
砂糖　150g
酒　150g
醤油　150g
B
みりん　50cc
酢　大さじ1

つくり方

❶Aを煮立てて、皮をむかない5cmくらいに切った野ぶきを入れて、はじめは中火で、次に弱火でじっくり煮詰める。
❷仕上げにBを入れて照りをつける。
※火加減に気をつける。

11 ふきと半干しにしんの煮物

材料

ふき	200g
半干しにしん	1枚
七味唐辛子	
A だし	1カップ
A 砂糖	大さじ2
A 醤油	大さじ2
A 酒	大さじ2

つくり方

❶ふきは洗って板ずり（※）し、さっとゆでて、そのまま半日くらい置いて水気を切る。その皮をむき、4cmくらいに切る。

❷半干しにしんをひと口大に切り、①とAの調味料で煮る。

※板ずり：まな板の上に洗ったふきをのせ、塩をふりかけて手のひらでコロコロところがすこと。

12 ふき味噌

材料

ふきのとう	100g
油	大さじ2
A 味噌	大さじ2
A 砂糖	大さじ2

つくり方

❶ふきのとうは枯葉を取り除き、さっと洗って大きめに刻む。

❷フライパンに油を入れて熱し、①を入れて炒め、しんなりしたらAを加え、弱火にして炒めながらからめる。

13 ほうれんそうのクルミ和え

材料（4人分）

ほうれんそう　200g
※冬菜やなばなでも可
むきグルミ　30g
味噌　大さじ1
砂糖　大さじ1

つくり方

❶ほうれんそうは色よくゆでて冷水にとり、水けを切って3㎝の長さに切り、水を再びよくしぼる。
❷クルミはフライパンで炒り、鬼皮をとってすり鉢でする。それに味噌と砂糖を加えてよくすり混ぜる。
❸①のほうれんそうを②で和える。

14 かぼちゃのおよごし

材料（4人分）

かぼちゃ　200g
白菜　150g
こんにゃく　1／2枚
A
むきグルミ　20g
白ごま　大さじ1
味噌　30g
みりん　大さじ1

つくり方

❶Aの材料をすって混ぜておく。
❷かぼちゃはひと口大に、白菜は3㎝角に切って蒸す。こんにゃくは短冊に切ってゆでる。
❸②の材料を冷し、①で和える。

15 白うりの粕漬け

材料

〈下漬け〉
白うり　12kg
塩　1・5kg
砂糖（水切り用）　800g
〈本漬け〉
酒粕　3袋
砂糖　4kg

つくり方

〈下漬け〉

❶白うりを洗って、タテ半分に割って種をとり出し、塩をすり込んで漬ける（重石をして3日間漬けるが、この時水が上がっていることが大切）。

❷漬け込んだ白うりをあげて新聞紙に載せ、2〜3回取りかえて水分をよくとる（その際に砂糖をふると浸透圧で水分がよく抜ける）。

〈本漬け〉

❶酒粕と砂糖をよく練り混ぜて、下漬けした白うりを漬け込む（その際に練り粕をうりのフネの中に盛るように入れる）。

❷表面にビニールを張り、密閉して1ヶ月くらいすると食べられる。

16 ぽたぽた梅

材料

〈下漬け〉
ぶんご梅　5kg
塩　500〜600g
〈本漬け〉
砂糖　1・5kg
酢　2カップ
しそ　適宜（塩でもんでおく）
焼酎　1カップ

つくり方

〈下漬け〉

❶梅は塩でよくもんで10日間ほど漬けておく（その間、水が上がらなかったら、水を足しても可）。

❷①の塩水を切って、3〜4日ほど陽に干す（土用干し／カチカチにしないように注意する）。

❸沸騰した湯に入れ、2〜3時間ほど置く（塩がぬけて梅がふっくらと膨らんでくる）。

〈本漬け〉

❶容器にしそ、梅、砂糖、しそ、梅、砂糖と重ねて漬け、焼酎を振りかける（その際に砂糖は一度に入れないで3回くらいに分けて入れる）。

17 おやき

材料（20個分）

◆皮

地粉　500g

砂糖　50g

A ベーキングパウダー　大さじ3

サラダ油　大さじ3

B 酢　大さじ1

水（牛乳でも可）　300cc

つくり方

❶地粉とAをボールに入れて、よく混ぜる。

❷①にBを加えて混ぜ、よくこねて30分ねかす。

❸半分にして、片方を10等分し、分量外の粉（手粉）をつけて丸め伸ばして、具を入れて包む。

※左手のひらにのせ、親指で押しながら、右手の人差し指と親指で思い切って、しごきあげるように巻き込んでいくと自然にまとまる。

❹蒸し器にぬれ布巾を敷いて15分蒸す。

なすあんのつくり方

材料（10個分）

なす　200g
塩　小さじ1／2
C
味噌　30g
砂糖　40g
油　大さじ2

つくり方

❶なすは1cm角に切り、塩を振りもんで、しんなりさせて、水を入れてしぼるとアクがとれる。
❷練っておいたCに混ぜて皮で包む。

切干し大根のつくり方

材料（10個分）

切干し大根　50g
せん切り人参　40g
ごま油　大さじ1
戻し汁　2カップ
酒　大さじ4
砂糖　大さじ2
醤油　大さじ5
みりん　大さじ2

つくり方

❶切干し大根は水の中でもみ洗いし、10分間水に浸してしぼる（戻し汁は捨てない）。
❷鍋にごま油を熱し、①を入れて炒め、戻し汁と酒、砂糖を加えて煮る。
❸2〜3分後に醤油を加え、混ぜながらみりんも加えて、汁けがなくなるまで炒り煮する。

18 鯉こく

材料

鯉　1・3kg（5〜6切れ）
水　1500cc〜2000cc
酒　100cc
味噌　100g
みりん（砂糖でもよい）　20cc

つくり方

❶鍋に水でさっと洗った鯉の輪切りを並べ、酒と水を入れる。
❷強火で沸騰したらアクをていねいに取る。
❸アク取りが終わったら中火にして、みりん、味噌を加え、さらにアクをとって弱火で煮込む（1時間くらい）。味噌を少し残しておき、最後に味加減で香りづけに入れる。
❹椀に盛り、粉山椒や白髪ねぎをのせてもおいしい。

食べられる東御の春の山野草

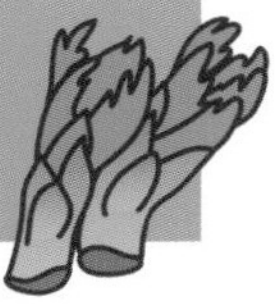

東御市では、春の山菜をはじめ、野生の植物（一部は野生化した作物）を自然の恵みとして食用に利用してきた。身近な山野でとれるものは新鮮で、独特な香りやエグ味を持つとともに、その季節の体にとって必要な栄養素も持ちあわせている。なかには薬用として使われるものも少なくなかった（「第七章　伝えられてきた食の知恵」の表「山野草と薬効、用い方」参照）。

『信州東御《とうみ》　食の風土記』発刊に寄せて

辞書をひも解くと、「風土」とは「その土地の気候・地味・地勢などのあり様」とあり、そこに暮らす人々の文化や思想、習慣は風土に規定されるといわれています。

食もまた然り。日照時間は長いが降水量の少ない気候、千曲川右岸から浅間連峰に向かう陽当りのよい南傾斜の地形、千曲川左岸の台地の強粘土質土壌。私たちの先達は、東御市のもつこうした条件を活かし、克服し、あるいは折り合いをつけて農業に勤しんできましたが、それが、この地にあった農産物と特産品の生産につながり、地域食材を生かした行事食や食文化が形づくられてきたのでしょう。

今般発刊されました「食の風土記」は、地域で受け継がれてきた「この地の食のあり様」を記録したものであり、東御市に暮らす私たちの体と心をつくり、命と生活を支えてきた歴史でもあります。ここに紹介されている地域に伝わる行事や季節に応じた食の文化を「次の世代に伝えたい」と願う有志が、思いを込めてつくられました。

農業がおもな産業であった昭和の中ごろは、各家庭が、前栽畑で季節ごとにとれる食材を使った料理を食べていました。魚や鶏をさばくことも普通でした。時代は移り、産業構造や生活様式が大きく変わった現代社会では、食事をすることが食材の生産現場から遠く離れ、食に対する感謝の気持ちを感じづらくなっていると思われます。

この風土記を通して、食の文化とともに農が育む食物連鎖の大切さや農家の営みが伝わり、「いただきます」という命を頂戴することへの感謝の心が育まれることを願っています。

東御市長　**花岡　利夫**

はじめに――先人の知恵を未来に

平成二十五（二〇一三）年十二月、「和食・日本の伝統的な食文化」がユネスコの無形文化遺産に登録されました。これをきっかけに世代を超えて地域で受け継がれてきた伝統的な「和の食文化」が見直される機運が高まりました。昭和三十年代までの農家の暮らしは、春の田ごしらえの重労働にはじまり、秋の田じまいまでは猫の手も借りたいほどの忙しさでした。食と農は表裏一体です。家族全員が労働力であり、力を合わせて乗り切った原動力は「食」でした。

高度経済成長期には、農家の暮らしも食も豊かさと便利さを求めて大きく様変わりしました。先輩女衆の知恵と業によって家族の「命」をつなげるための惜しみない努力から生まれた四季折々の郷土食や人生の節目ごとに楽しんだ行事食が、今、家族の食卓から途絶えようとしています。

こんな折、池田玲子先生からお声がかかったのをきっかけに、食の営みを見直そうという機運が高まり、賛同者とともに「とうみ食の風土記編纂委員会」を立ち上げました。石川好一先生に「東御市の風土について」お話をいただき、規約をつくり、テーマを決めて、昭和三十年代の東御市の食についてお年寄りから聞き取りをすることからはじめました。お互いに分担を決め、市役所の資料室や図書館、地域の公民館に出向いて勉強し、三年がかりででき上がりました。

保育園や小学校、中学校、図書館の本・分館、公共施設に置かせていただき、教材として利用していいただけたらと願っています。

編纂にあたり、ご指導いただいた池田玲子先生、ご協力いただいた健康保健課の皆様、力を尽くした委員の皆様に心からお礼と感謝を申し上げます。

とうみ食の風土記編纂委員会　会長　**楢原　由紀子**

目次

第三章　四季のめぐみと食生活

第一章

昭和三十年代の東御市

昭和三十年代の日本社会は高度経済成長期を迎え、産業構造や暮らしの近代化がすすむなかで、社会全体が大きく変わりはじめた時代であり、現在の東御市一帯の中心産業も農業から商工業に変わっていった。この時代は、農業の生産基盤や地域の生活基盤の改良・改善がすすむとともに、地域が助け合って行う伝統行事や冠婚葬祭なども簡素化がすすみ、農家の作業負担や女性の家事負担、地域の交際費負担などが減った。それでも、農村部では伝統的な暮らしや地域のコミュニティの絆が保たれ、伝統的な食文化もまだまだ色濃く息づいていた時代であった。

その後、日本経済の成長は人々の生活水準を向上させ、多様な生活様式を生み出した。その一方で、先人たちが培ってきた地域の食文化や農村の暮らしは大きく変わってきた。

私たちは先人が培ってきたそれぞれの地域の豊かな食文化とその技を後世に伝えたいとの願いから、「昭和三十年代ころの聞きとり調査」を実施し、「食の風土記」として残すことにした。本書をはじめるにあたり、まずは私たちが暮らすこの地の自然や地域の歴史に目を向けることとする。

東御市の全景

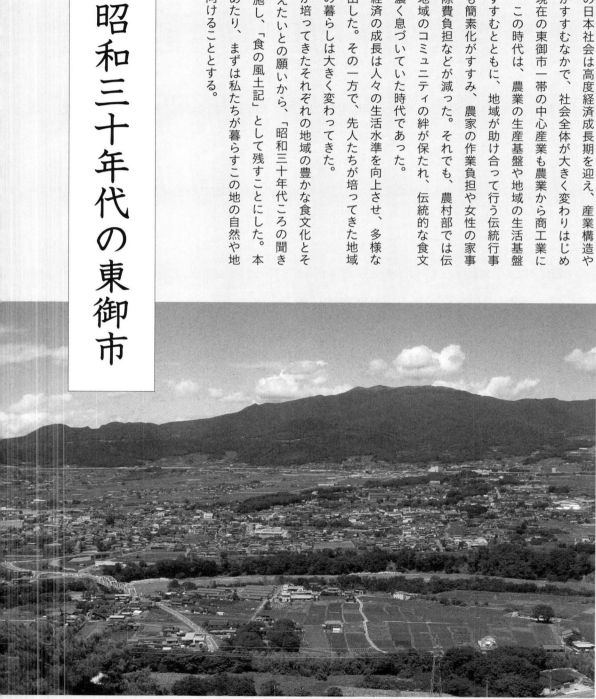

1 自然と風土

①地勢と自然環境

東御市は長野県の東部に位置し、千曲川の右岸の里山と、左岸に広がる台地が美しい形状を成すまちである。

北は上信越高原国立公園の浅間連峰の三方ヶ峰、湯の丸山、烏帽子岳の連山を背にし、南には蓼科山、八ヶ岳連邦の雄大な山並みが見られる。市の東西を横断するように流れる千曲川、鹿曲川の清流が織りなす豊かな地域である。

気候は、内陸性気候で、年間降水量が八〇〇～九〇〇㎜程度と降水量が少なく、四季を通じて晴天の日が多く、一方夜間は温度が下がり、昼夜の寒暖の差が大きいといった特徴がある。

②まちの沿革

昭和三十一（一九五六）年、田中町、祢津村、和村の一町二村が合併して「東部町」が誕生。二年後に滋野村が編入、人口二万二二九〇人、世帯数四五一六世帯の町となる。一方、北御牧村は明治二二年町村制施行からの歴史をもつ。平成十六年、東部町と北御牧村が合併して「東御市」が誕生し、人口約三万人、世帯数約一万二〇〇〇の市となった。市域は東西一四・七㎞、南北一六・五㎞、総面積一一二・三七㎢、市の花はレンゲツツジ、市の木はクルミ、市の蝶はオオルリシジミである。

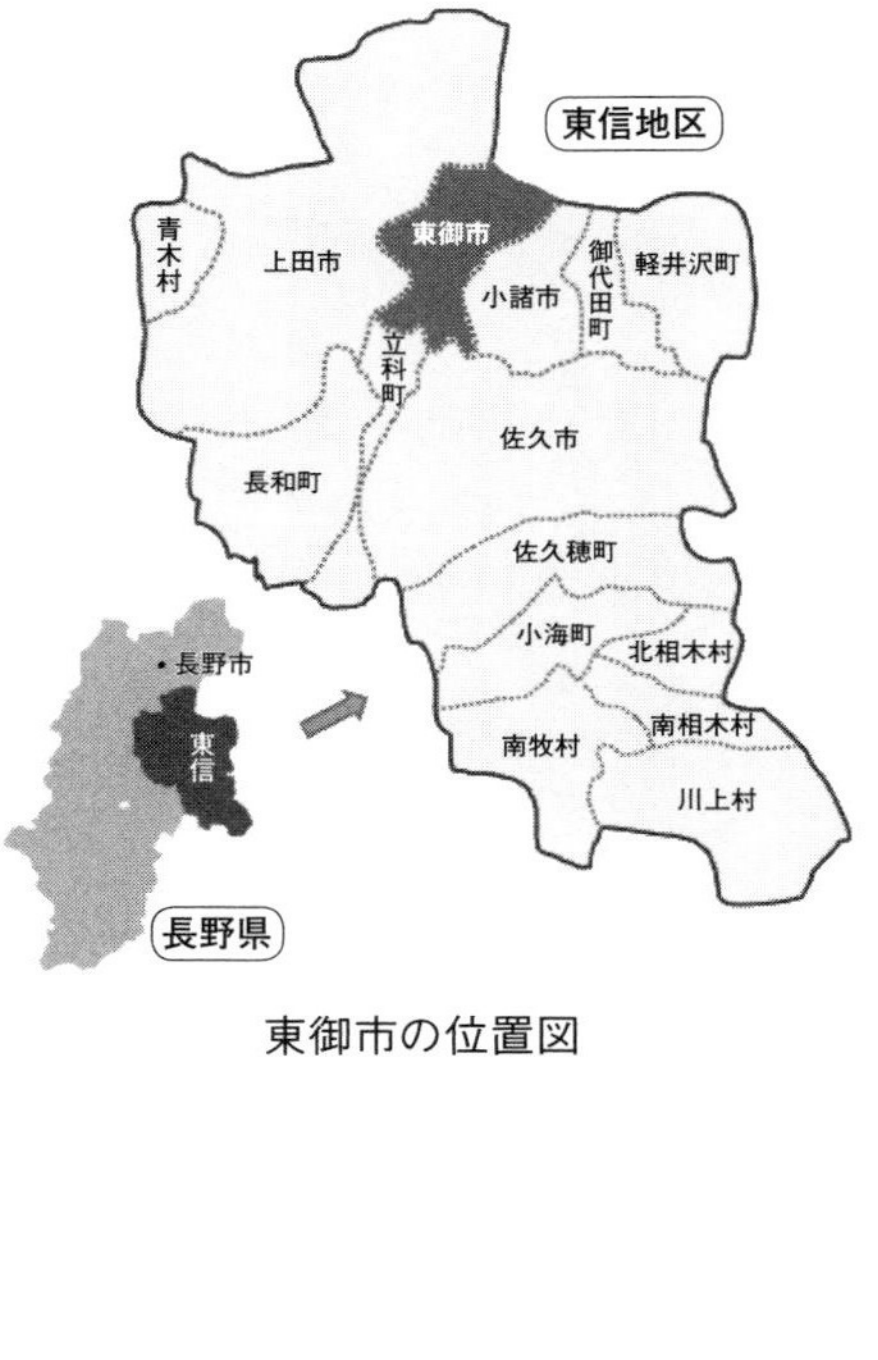

東御市の位置図

［東部地区］

東部地区は千曲川右岸に位置し、千曲川に並行してしなの鉄道と国道一八号が東西に走る、交通の便がよい地域である。地区のいたる所から、縄文時代の遺物である土器、石鏃・石斧などが数多く出土していることから、東部地区全域に古代から人が住みついていたことがわかる。とくに国の指定を受けている原口の戌立《いんだて》遺跡は日本で初めて発掘された敷石住居跡として広く知られており、太古から各時代にわたって烏帽子岳の裾野から千曲川に向かって先祖たちの生活が営まれてきている。

東御市の最高・最低気温と降水量（月別平均）

	平均気温（℃）	最高気温（℃）	最低気温（℃）	平均湿度（%）	降水量（ml）	天気日数（日） 晴	曇	雨雪
平成 26 年	11.7	36.0	－11.1	68.8	742.0	249	91	25
平成 27 年	－	37.1	－10.1	－	766.6	226	107	32
平成 28 年	12.5	33.7	－12.1	68.8	949.0	190	132	44
平成 29 年	11.7	34.3	－11.4	67.3	803.0	237	97	31
平成 30 年	12.8	37.0	－11.2	66.5	753.0	259	80	26
（5 年平均）	12.2	35.6	－11.2	67.9	802.7	232.2	101.4	31.6

（注）平成 27 年の平均気温と平均湿度は未掲載　　（資料：東御消防署）

平地の田中地区は田中宿、海野宿として江戸時代から栄え、大半の人口が集中している。また、国道から北に約三km離れて、県道が平行している沿線で標高五〇〇m～九〇〇m、緩やかな日当たりのよい南面傾斜地である和、祢津、滋野地区で農業が行われている。

［北御牧地区］

北御牧地区は千曲川左岸に位置し、地区の中央を鹿曲川が南北に流れ、その川をはさむように東には御牧原台地、西には八重原台地があり、村の姿は蝶が羽を広げた形に似ている。八重原、御牧原では須恵器等を焼いた古窯の跡が発見され、遺物として、布目瓦、丸瓦、須恵器が出土しており、奈良時代から平安時代にかけて一大製陶所であったと考えられている。須恵器の窯が多数築かれた場所として、考古学的にも注目されている。

標高が六〇〇～八〇〇mの台地と川沿いの五〇〇～五五〇mの低地部からなっている。昔から水不足に悩まされてきた地域で、とくに御牧原台地は川がなく、水の確保のため、両台地には大小合わせて二〇〇を超えるため池がある。また、粘土質の強い洪積層埴土の土壌では米や野菜がよりおいしくなるといわれ、米やじゃがいもなども多く栽培されてきた。

2　地域と農業の変化

①農業の近代化

明治、大正の時代は養蚕全盛の時代であった。海野宿には、宿場時代の建物を利用した養蚕農家が多かったので、宿場形式の伝統を受け継いだ蚕室作りの卯建《うだつ》を築いた大きな家も建てられた。「旅籠の町から養蚕の町」へと移り変わった。

しかしながら、こうした時代も長くはつづかなかった。昭和

卯建のある家（海野宿）

十四年、日米通商航海条約が廃棄されて、養蚕が大切な現金の収入源であった農家は大打撃を受け、養蚕業は衰退することになるが、現金収入を得るためにとその後も細々とではあったが養蚕はつづけられていた。

戦後、日本中が食糧難で苦しみ、生活必需品も配給制の時代がつづいた。田畑も地力が衰え、増産するにも肥料もない状況にあった。政府は生糸の増産を奨励したが、食べられないまゆより食べられるいもをつくる者が多かった

戦後の混乱が一段落し、国民生活が次第に安定してきた昭和三十年に入り、「神武景気」を迎えて、養蚕も順調に伸びてきた矢先、昭和三十三年八月、まゆ相場が大暴落し、以降、養蚕は斜陽化へと進んでいった。政府は本格的に農業振興に着手し、

地下水の掘削（昭和39年）

昭和三十六年に農業基本法を公布・施行し、畜産、果樹、野菜の生産拡大や農業従事者が他産業従事者と均衡する所得を確保できる規模拡大の推進が展開された。このことから、当地も酪農の振興、果樹栽培などの導入がはじまり、酪農が盛んになった。とくに巨峰栽培では滋野地区に「農業近代化モデル事業」の指定を受け、ぶどう団地が造成されて東御市の特産となっている。又、兼業農家も増え、「三ちゃん農業」になった。母ちゃんの負担はまだまだ軽くはなかった。

昭和四十年に入り、県の農業構造改善事業が各地区で施行され、畑地、潅水施設、選果場、貯蔵庫の建設や大型機械の導入が計られた。さらに、石油の発動機や耕運機（ガーデントラクター）が急速に普及し、重労働や労働不足が軽減されるようになった。これに先がけて昭和三十八年に和地区では「農業を担う婦人達二〇名がガーデントラクターの免許を取得」したこと

が報じられて大変な話題になった。

当地は県下一降雨量が少ない地域のために、水不足に悩まされており、雨乞いの「石尊社」がいくつも祀られてきたほどである。農業振興事業推進のためには農業用水確保が必要であり、そのためのため池が順次整備され、昭和三十年に竣工した滋野地区の「弁天池」は県下最大のため池といわれた。昭和二十九年に「和池」、昭和三十八年に「新張前久保池」、昭和五十九年に北御牧地区の「明神池」、とため池の整備が次々と行われた。

ぶどう団地のぶどう棚

台風7号で倒壊した家屋の片付け（昭和34年）

②たび重なる自然災害

東御市は農業に恵まれた地形、気候等の環境ではあるが、大きな自然災害を受けた年がある。

昭和二十八年　天候が極めて不順で凍霜害、台風被害、長雨によるイモチ病が全域に発生し、米の大々凶作で収穫量は例年の二割にも及ばない状況となった。この年から現金収入を求めて土木作業員や工場勤めが増え、農業離れが始まった。

昭和三十四年　八月の台風七号、九月の十五号（伊勢湾台風）とつづき、特産のクルミ一万五〇〇〇本が倒伏被害。農作物にも大きな被害がでた。

昭和四十年～五十年代にもたびたび、大干ばつ、凍霜被害、大冷害、降雹、に襲われ、米、野菜等農作物の被害は、年間何億という損害をたびたび出している。

このように繰り返される自然災害を最小限に食い止めるために、品種改良、農業資材の改良、普及、施設化等の対策がとられてきた。そして、その土地の風土にあった農作物の栽培がされる様になり、特産となるものが多く生まれてきた。自然災害と向き合ってきた先人達、そして、集落が一丸となって、今の東御市の農業の礎を築いてくれたのである。

3 食と暮らしの変化

①暮らしの改善

昭和三十年代は、農業の変化と共に生活環境や様式が大きく変化した。とくに、水道の普及は、衛生面でも労力面でも女性にとって大きな前進であった。

かつて飲み水は、湧き水や井戸が多く使われており、様々な問題が発生した。なかでも、昭和二十八年の祢津地区、その前後の北御牧地区の赤痢の大流行は、地域住民を怯えさせた。それを契機に一気に水道化の機運が高まり、建設工事が推進されていった。

昭和三十四年には、和地区に改良台所と三層トイレのモデル展示が作られ、台所改善が推し進められた。そして、薪に変わり、ガス・石油が使える時代へと急速に変わり、家電「三種の神器」といわれた洗濯機・冷蔵庫・テレビや電気炊飯器がどの家庭にもそろう時代になり女性の担う家事労働は大幅に軽減されたのである。

暮らしの変化は、更に生活の合理化や改善へと運動が広がり、冠婚葬祭も簡略化していった。

②食の改善

戦後の食糧難から昭和三十年代は、米は大切な換金作物であった。

農家の主食は、麦飯や混ぜご飯がほとんどで、夕食はうどんを食べると決めていた家も多くあった。鶏を飼って卵や肉を食べ、山羊を飼って乳を飲み、うさぎを肉用として飼っていた。畑には麦やそばを作って粉をひき、米の不足を補った。田の畔には大豆を播いて、味噌やしょう油をつくった。

家のまわりには梅、柿、あんず、クルミ、栗など実のなる木を植えてあり、子どものおやつにもなっていた。せんざい畑には、自家採取した種を播き、季節に合わせて一年中の野菜を作っていた。農家では自給自足が当たり前であり、蚕を飼い、

農業用水路での洗い物

うさぎの飼育

田畑の重労働をこなし、その合間に、家族が生きて行くための食糧確保の段取りをしてきた。

女性達は生活改善とあわせ、健康に目を向けた食生活の改善にも力を注いだ。昭和三十年代に、おかずの共同購入をはじめた滋野地区（赤岩、中屋敷）の取り組みは画期的なことだった。（当時、一食一一円で販売）

こうした食生活をはじめ生活改善の学習や実践は町中に広がり、その活動が評価され、昭和五十四年に祢津地区（金井）の「弥生会」、昭和六十二年に「くるみグループ」が、昭和六十年に中屋敷の「てまりグループ」が県知事賞を受賞した。北御牧地区では村と農協と住民が一体となって「北御牧村味の研究会」を発足させ、特産品開発加工等、地域の活性化に寄与している。こうした活動は現在もつづいており、ネットワークとして活動している。

コラム 1

御牧原台地における稲作と水対策

御牧原台地には、佐久市、小諸市、東御市の三行政区があります。水は天水に頼っているため、三年に一度は干ばつに見舞われていました。そのため天水をためておくために台地には大小四〇〇ヶ所以上のため池があります。干ばつの年には水田の作つけが大変でした。一反歩そこそこの水田を三面から四面に仕切って田んぼの隅のほうから水をためて、だんだん面積を広げて代かきをし、田植えのできる状態にしていくため、作つけができたのは七月上旬から中旬ごろでした。植える苗は長くなりすぎているため、先端を切って植えつけていました。

しかしながら、植えた苗は分けつすることなく、そのまま出穂してしまい、収量も激減して米不足となることもしばしばでした。そのため、畑作物に重点をおき、麦やそば、大豆、きび、あわなどのほか、じゃがいもやさつまいもを作つけて、米の代替食としていました。

昭和二十年代から三十年代にかけて慢性的な米不足がつづき、国の政策として強権発動する形で強制的に農家に立ち入り調査に入り、保有米を除く余分の米を供出させる方法で米を集めていました。そうした状態を心配されて、初代の小諸市長の小山邦太郎氏（のちの参議院議員）と地元選出の県会議員の中沢周三氏の尽力により、昭和三十六（一九六一）年に県営御牧原地区農業水利改良事業が着工されました。

この事業は蓼科山麓から水を引くというとてつもない構想

で、昭和四十六（一九七一）年に一三億三八〇〇万円の工事費で十年の歳月をかけて夢の用水は完成しました。用水を通じて台地に流れてきた水は御牧原台地土地改良区と小諸市御牧原土地改良区で管理し、各改良区で排水係を置き、それぞれのため池にパイプによって送水して天水とともに貯水をして満水状態にしています。つまり、用水とともにため池があるおかげで水の確保ができているのです。

　蓼科山麓から揚水した水により、台地の各戸に上水道も引かれました。それ以前は各自で井戸を開削したり、ため池の水を飲用として利用したりしていました。現在は小諸市にある水源からポンプアップして水道水として利用しています。

　この蓼科総合開発事業によって御牧原台地は急速に発展し、現在は台地の地下を東西に北陸新幹線が走り、地上では県道や広域農道が整備され、別荘地としても多くの人たちに利用されて、昭和初期には思いもよらなかった素晴らしい発展をしています。

（東御市御牧原台土地改良区排水委員長　中村元）

東御から日本の農業・農村を考える

日本の稲作は弥生時代にはじまり、日本の歴史・文化をつくってきたといわれる。日本の気候・風土に適した米は日本人食生活の中心にある。

昭和時代、このあたりは石垣でつくられた棚田や曲がりくねったあぜ道、ため池など、先人たちの苦労がしのばれる日本の原風景が広がっていた。

昭和三十年代、高度経済成長がはじまった。稲作の長い歴史も一時にして変わった。農業機械、化学肥料、農薬などが次々と開発され、兼業農家が増加した（三ちゃん農業）。

日本農業は発展をつづけ、国民の生活は豊かになった。食の多様化により米は生産過剰になり、減反政策がはじまった。その結果、五十年間つづいた稲作農家は生産意欲をなくし、農業離れが加速した。その後、食糧管理法が廃止され、米販売の自由化は産地間の競争をまねき、中山間地域の稲作はコスト面で厳しい状態がつづいている。

現在、農村では担い手不足、荒廃地の増加等々がすすみ、地球温暖化等々先行きに大変な不安を感じる。私たちはこのようなかで持続可能な農業・農村を目指さなければならない。今後、自然にどう向き合っていけばいいのか、地域文化をどう受け継いでいくのか、中山間地域の農業や稲作は誰が担うのかを考えると、以前にも増してみんなで助け合い、支え合う時がきていると思う。

（永井農場　永井忠

／二〇一一年度日本農業賞個人の部大賞受賞文から抜粋）

第二章

日々の基本食

昭和三十年代から四十年代前半の食生活は自給自足の時代で、料理も手づくりが基本だった。家族は三世代が同居する大家族が多く、毎日の食事はみんなで一緒に食卓を囲んだ。

季節ごとにせんざい畑からは旬の野菜が豊富にとれ、屋敷まわりにはクルミや柿など実のなる木が植えてあった。近くの野山からは山菜やきのこが、田んぼや川、ため池からはたくさんの川魚などが捕れた。また庭先で鶏や山羊、うさぎなどを飼って卵や乳、肉を食べた。

ふだんの日の朝食や昼食の主食は、米と押し麦（ひき割り麦）、または大豆、じゃがいも、大根などのかて飯で、夕食はめん類などの粉ものが主だった。具だくさんの味噌汁にちくわと野菜の煮物はおいしかった。季節ごとの漬物はそれぞれの家の味があった。

お盆や正月、仕事の節目や祝日には赤飯やぼたもち、天ぷら、豆腐汁、クルミの和え物、まんじゅうなどをつくった。その時の鶏やうさぎの肉が入った野菜の煮物は大ごちそうだった。こうして暮らしにメリハリをつけ、自然のなかで旬の恵みに感謝し、心と身を養ない、家族が協力して質素に生活していた。

収穫後の田んぼの屑燃やし

1 米

東御市の田んぼの多くは米づくりには必ずしも適した土地ではなかった。しかも少雨で大きな川が少ないため、水の確保には苦労してきた。そのため、全地区に大小多くのため池がつくられ、田の仕付け時期にはむら中で堰《せぎ》普請をして、十分な水を確保した。

当初、米は収量が少なくて供出米が多かったため、どこの家でも節米に苦心した。とりわけ昭和二十八（一九五三）年は大変な冷害に見舞われ、大凶作となった。その後、保温折衷苗代、化学肥料や農薬の普及、栽培品種の改良、基盤整備や機械化などがすすんだ結果、米は安定して収穫でき、収量も上がるようになった。

①ごはん

・ふだんの日は麦めし（米八分に押麦かひきわり麦二分）か、かて飯（大根飯・いも飯・大豆飯）にする。

・特別な日にはごちそう分として、いろいろな具を加えて竹の子ごはんや五目ごはん、五目ずしなどを炊く。

②赤飯・黒飯（もち米を蒸すか炊いたもの）

入学や祝い事の時には、小豆を入れて赤飯を蒸す。重箱につめて親戚や近所に配って喜びを分かち合った。お返しにはまめに暮らすようにと豆を返した。不祝儀の時には黒豆で黒飯をつくって弔意を表わした。

きびごはん

また内々の祝い事には、ささげ豆や山菜などを入れて、簡単な煮ぶかしにする。五目おこわや栗おこわ、クルミおこわ、りんごおこわは大変なごちそうだった。

③もち

暮れにつく正月用のもちや寒もち（寒い時のもちはよく乾く）はのして、角もちやあられにする。

また、年中行事や子どもの祝い事、新築祝いなどの祝い日には、よくもちをついた。もちは力を授けてくれる食べものであり、喜びや祈りを込めて神様やご先祖にお供えした。四十九日の法要の際に家族や親戚、近所ぐるみで分けて食べる四十九もち（あんころもち）のように、仏事にもつくった（草もち・のりもち・豆もち・きびもち）。

春と秋のお彼岸にはもち米八分とうるち米二分で、クルミやえごまのぼたもちやおはぎをつくった。

④あられ（かきもち）

ながいもと砂糖を入れたもちをつき、薄くのして切り分けて干したもの。それを炒ったり揚げたりすると、上等なおやつになる。

⑤米粉

上質な米粉は、どんど焼きの稲の花や正月のものづくり、八十八夜のお稲荷さんのまゆ玉、お彼岸や不祝儀のだんごに使用した。米選機下の米粉は子どものおやつとして、粉かきや草もち、かしわもちにしたり、お乳の出がよくなると産後見舞いに持っていったりした。

2　麦

麦は米と並んで大事な基本食材で、大麦と小麦が栽培されていた。

①大麦

麦飯には押し麦かひき割り麦にして使う。大麦は米との二毛作で稲刈りのあとの田んぼに鍬でさくを切り、種を播き、春先には麦踏みなどの手入れをして、六月の田植えに間にあうように刈り取る。七月の暑い日に脱穀を終えてから祇園祭に行った。麦麹にして味噌や醤油の材料に

栗ごはん

黒豆ごはん

草もち

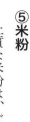

したり、炒って粉にひき、こうせん（麦こがし）にして砂糖を混ぜて食べたりした。

②小麦（地粉）

小麦は秋に大豆畑の作間にまき、春先に麦踏みなどの手入れをして七月に収穫する。脱穀して近くの水車小屋や精米所で粉にひいてもらった。

晩飯のうどんやすいとん、野菜をたくさん入れた味噌味の煮込みうどん、かぼちゃぼうとう、あずきぼうとうなどにして食べた。子どものおやつやおこびれには、にらのうす焼きにした。また、小麦粉と残りご飯を合わせてつくるこねつけはおこびれ（おやつ）で食べた。

うどん

麦の収穫作業が終わると、新麦粉を使い、中に小豆あんやなすを入れて、七月には七夕まんじゅうを、八月には一日まんじゅうや十四日のお盆まんじゅうをつくって食べた。新麦粉は天ぷらの衣にしてもおいしかった。

なかでも、子どものころに親しんだ「麦のガム」の思い出は忘れられない。

3 そば

そばは小麦と同様に大事な食材だった。山の畑の地味の悪い所でも年二回つくれて、手間のかからない作物として重宝した。夜なべで石臼でひいたり、精米所に頼んで粉にしてもらったりした。

ふだん手間のない時にはそばがきにして食べ、手打ちそば

そばの実のはたき落とし

そばの実の風選

（二八そば・七三そば・十割そば）は人寄せの時のごちそうであった。おいしいそばは、三たて（引きたて・打ちたて・ゆでたて）といわれている。昔はそば打ちができないとお嫁にいけないといわれた。

4　雑穀類

①きび

食料難の時代は麦や豆、いも、大根、きびなどで食いつないできたが、食料事情が向上するとともにきびを栽培する人はほとんどいなくなった。もちきびは炊くと甘味とコクが出て食感もモチモチして弾力があるため、きびもちやきびだんご、おはぎなど、料理へのきびの使途は広がっている。

きび

②そのほかの雑穀

ひえやあわを米と混ぜてごはんに炊いたり、もちに入れたりした。

5　豆類

大豆のほか、青豆や茶豆、黒豆、ささげ豆、鞍掛《くらかけ》豆などをつくり、それぞれの味を楽しんだ。その栽培・管理や消費は女衆に任されており、おいしくて珍しい豆や野菜の種は自家採取して、頻繁に交換された。

①大豆

昔から「大いなる豆」、また「畑の肉」ともいわれ、食卓に欠かせない重要な食材であった。養蚕がさかんなころは桑畑が多く、大豆畑は少なかった。その代わり、農家の知恵の賜物ともいえる田んぼのあぜに植えたあぜ豆はよくとれた。

大豆は味噌やお茶うけの煮豆、五目豆、豆腐、納豆、豆炒り

大豆

などに使い、黒豆や青豆は自分の家できな粉にひいた。

②小豆

小豆はよく煮て砂糖を入れてあんこにしたり、もち米と合わせて赤飯に炊いたりした。

③そのほかの豆

ささぎ豆は煮豆やこしあんにした。また、鞍掛豆や十六寸《とろくすん》はひたし豆にするなど、それぞれの豆の種類によって使い分けた。

6 野菜類（せんざいもの）

屋敷近くの畑では、「せんざいもの」といわれる、台所ですぐに使える自家用の野菜をつくった。肥料の足しとして米のとぎ汁（白水《しろみず》）をくれる（やる）など、手間ひまをかけて大事に育てた。春から夏にかけて農作業が忙しい時には、手早く収穫できるせんざいものは味噌汁の具としてとても重宝した。家のまわりを一回りすると食事の支度ができるだけの食材が集まるように、いつ何の種をまくかはその家の女衆の才覚によって決めていた。

せんざい畑

①春のもの（三・四・五月）

菜の花、こまつな、ほうれんそう、えんどう、にら、あさつき、みょうが、小ねぎ（千本・百本）

②夏のもの（六・七・八月）

トマト、南ばん、きゅうり、なす、いんげん、じゃがいも、とうもろこし

③秋のもの（九・十・十一月）

大根、白菜、キャベツ、にんじん、しゃくしな、かぼちゃ、さつまいも

④冬のもの（十二・一・二月）

かぶ、長ねぎ、ながいも、そのほかの貯蔵野菜

7　山菜・野草・きのこ

①山菜・野草

ふき、わらび、うど、ぜんまい、いたどり、さんしょう、たらの芽、ゆきのした、たけのこ、のびる、よもぎ、こごみ、あまな、せり、クレソン（晩霞ぜり）・ぎぼうし、すいば（すいこん）、ぎょうじゃにんにく、こしあぶら、みつば

山菜のいろいろ

②きのこ

くりたけ、まつたけ、しめじ（むらさき・しもふり）、やぶたけ、りこぼう、はつたけ、赤んぼう

8 果実・木の実

①柿

屋敷のまわりに甘柿や渋柿が植えてあり、甘柿は生のまま、渋柿は干し柿にして正月に食べたり、子どものおやつにしたりした。その種類は富有柿、こねり柿、筆柿、峰屋柿、箱柿、平種柿、百目柿などがあった。

②そのほかの果実

屋敷内に植えられていたぐみやいしらんべ、いちじく、すぐりは夏の一番のおやつであった。また、りんごやぶどうなどは農業構造改善事業によって団地ができて換金作物となった。栗やぎんなんもとれた。

③木の実

クルミの木は桑畑や屋敷近くの畑に多く植えられていた。次第に品種改良と技術改良がすすみ、大粒のものが生産されるようになった。

甘柿（左上から時計回りに、富有柿、こねり柿、在来の甘柿）

渋柿（左上から時計回りに峰屋柿、箱柿、平種無）

9 魚介類・畜産物

現金で購入する魚や肉、卵はふだんの日にはあまり多くは食べることができなかった。昭和四十年代になると、各農協にスーパーマーケットができて生ものが買いやすくなった。

①魚介類

年取り魚は塩ざけかぶり、そのほかの行事やハレの日には身欠きにしんや塩さんま、干物が多かった。ふだんは魚の缶詰（さばの水煮、鯨肉の大和煮）かちくわなど加工されたものを食べることが多かった。また、このころから保存できる魚肉ソーセージが出てきた。

②川魚など

鮒《ふな》や鯉《こい》を千曲川や鹿曲川でとったり、水田で育てたりした。小川ではしじみが、ため池では鮒や川えびもとれた。また、田んぼでは春先にたにしやどじょう、沢がにが、秋にはいなごなどがとれた。小鮒は甘露煮に、いなごはつくだ煮にした。

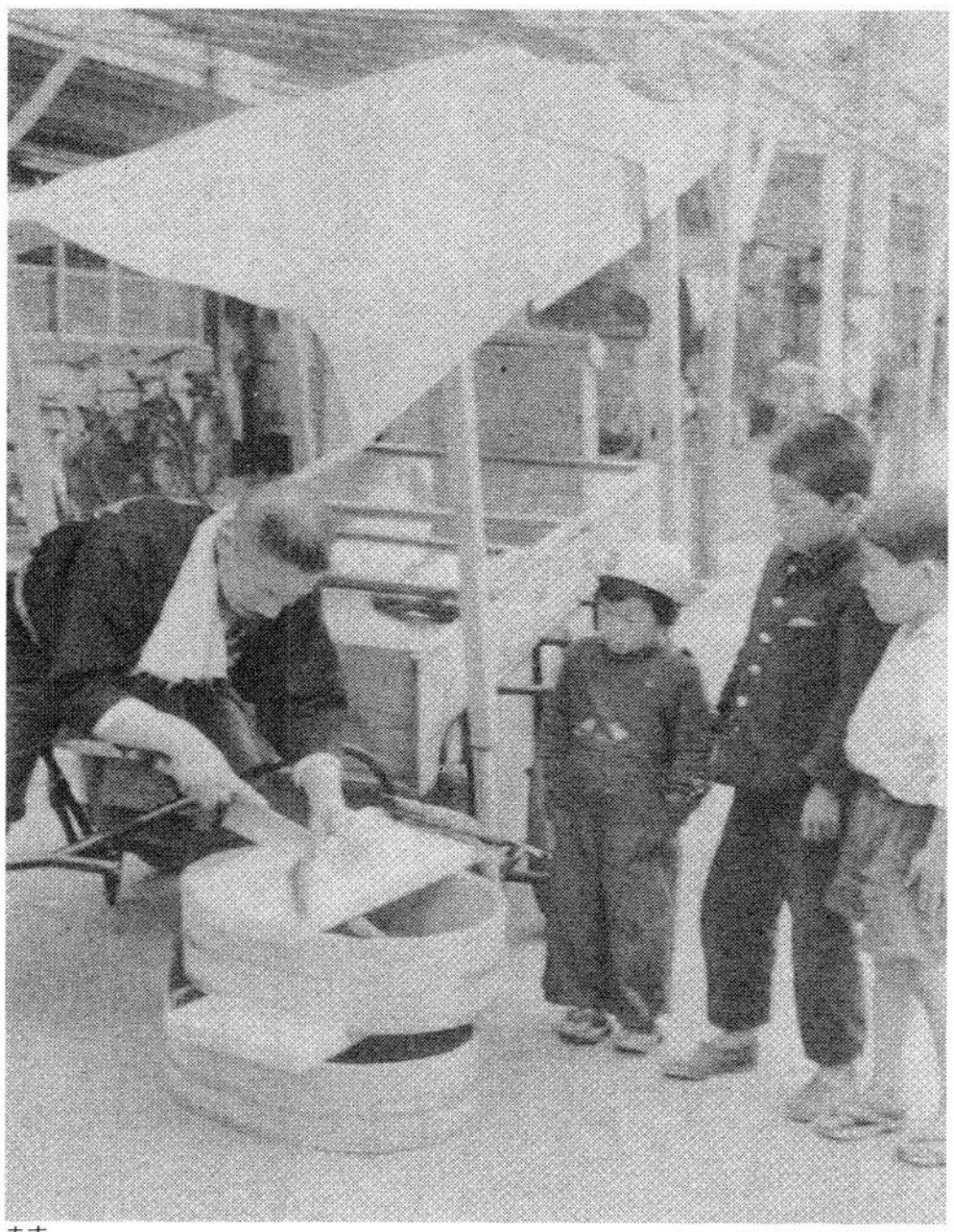

鱒《ます》の行商

たにし

③肉・卵

もの日（祭りなど行われる日）には、子どもたちが世話をしていたうさぎの肉を食べた。また鶏は卵を売り、廃鶏の肉は骨までよくたたいて肉だんごにして食べた。世話をしていた子どもにとっては複雑な気持ちのようだったが、おいしくいただいた。

④乳類など

家によっては山羊を飼い、その乳を近所に分けたりして、みんなの貴重な栄養源になっていた。養蚕が盛んなところでは蚕のさなぎをつくだ煮にして食べた。近くの山でとった蜂の子もつくだ煮にした。

10 漬物

ごはんやお茶の時には、いつも漬物があった。時漬けや古漬けなど、場所・地域や家によって自慢の種類や味があり、「おこうこ」と「おしんこ」は区別されていた。

①ぬか漬け・粕漬け・味噌漬け

夏の野菜は昔から伝わるぬか漬けが一番おいしい。漬け床は古いほど味がいいといわれ、冬の間には休ませておき、春になったらぬかや塩を足して手入れをはじめる。

粕漬けは粕が高価であるため、ていねいにしっかりと漬ける。貴重品であり、人寄せの時には赤飯と食べるため、「お座敷の漬物」といわれる。漬物上手な妻は夫の自慢で、男は他家の漬物をほめてはいけないといわれていた。

味噌漬けは味噌を仕込む時に大根の塩漬けやごぼうを入れる。ごぼうは味噌のお医者さんといわれ、とても重宝した。

②お菜漬け（野沢菜・白菜・杓子菜）

食事にはなくてはならない大根と野沢菜の漬物で、大根は八月に、野沢菜は九月に種まきをして十一月に収穫した。手間暇かけたおいしい漬物は、女衆の知恵の塊ともいえる。

野沢菜は霜に二～三回あってノリが出たものが最高で、漬け方は荒漬けとふつうの漬け方の二通りある。荒漬けは野沢菜を洗わずに多めの塩で漬けこみ、水が上がってきたらその水の中で漬け菜をきれいに洗い、新しい樽に移してとうがらしと大豆、こんぶ、じょうげん、塩などを入れて漬けなおす。一方、ふつうの漬け方では野沢菜をきれいに洗って、そのまま塩とこんぶ、とうがらし、大豆、味噌などを入れて漬け込む。

野沢菜漬けを春先まで残しておき、水洗いしてからし漬けや炒め煮にしておやきの具にする。大家族の家では塩の量を変えて、二つか三つの野沢菜漬けの樽があった。

③たくあん漬け

身の硬い地大根（赤すじ大根、宮重大根）を干して漬ける。干し加減と塩加減は食べる時期で決める。長い間漬けこむたくあん漬けには米ぬかと塩のほかに、なすの葉や柿の皮を干したもの、ねぎの細かいものを入れたりする。

④梅漬け・梅干し

屋敷まわりや畑には、収穫時期が異なる小梅や中梅、豊後などの梅の木があり、どの家も毎年必ず梅漬けをつくった。梅一升に三～四合の塩でかめに漬けこみ、赤しそが育ってきたら、

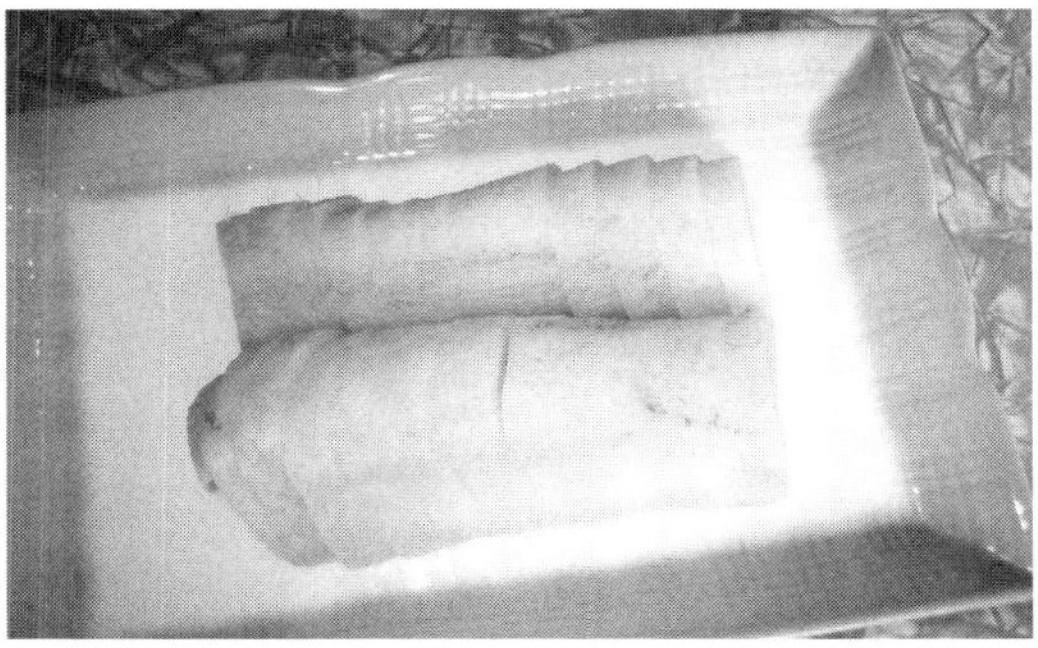
たくあん漬け

しろうりの粕漬け

梅漬け

野沢菜漬け

その葉をもんで色付けに使う。手間のある人は日に干して梅干しにしたり、砂糖を入れて甘もっくらと漬けてお茶うけ用にしたりと、さまざまに工夫を凝らした。

11　調味料

この時代は日本古来の「煮る・焼く・和える・蒸す」という調理法から、「炒める・揚げる・生食する」という洋風の調理法が家庭に浸透してきた。それに伴って、調味料も従来の「醤油・味噌・酢・みりん」のような発酵調味料に加えて、「マヨネーズ・ウスターソース・トマトケチャップ」のようなカタカナ名のソースが登場し、これらを使った洋風料理のつくり方講習会が人気だった。

①味噌

隣近所には、共同の大きな味噌釜と麹室《こうじむろ》があり、味噌仲間で順番に道具を使って自家用味噌を仕込んだ。昭和五十年ころまでどの家も四斗樽一本くらいは仕込んでいた。

つぶした大豆を丸めて味噌玉にして二週間ほどつるしてから仕込む従来のつくり方から、つるす過程を省いて代わりに麹を多く入れて仕込む一年味噌やカルシウムを強化する味噌づくりの指導があった。こうした仕込み改善には勇気を要したが、今でもわが家の手前味噌の味をつくりつづけている人たちがいる。

煮た大豆に麹と塩四合〜五合を加え、練る時は二〜三軒でええっこ（結い）して仕込んだ。その時には、春一番の山菜・ふきの煮物などの山菜料理や甘酒などでおもてなしをした。

「味噌と身上は堅い方がよい」など、味噌の大切さについては昔からたくさんのことわざで教えられてきた。やがて農協味噌がつくられ、つくる人が少なくなった。

味噌玉づくり

②醤油

小麦と大豆を醤油屋に預けて糀《こうじ》をかけてもらい、それに塩と水を混ぜて、家で樽に仕込み、春先まで毎日手入れをする。仕上がったらもろみを絞り、大きな釜で加熱して瓶に詰めて保存する。家での醤油づくりは昭和四十五年ごろまでつづいた。

③油

田んぼの裏作物として稲刈りのあとに菜種の苗を田んぼに植え、春先の田植え前まで育てる。収穫した菜種は油専門店（巴工業）に依頼して油をしぼってもらい、一升瓶に詰めて一年中使った。菜種づくりは昭和三十〜四十年ごろまでつづいた。

12 飲み物

①お茶

信州人はお茶が大好きで、朝起きたてや朝食、仕事はじめ、おこびれ、昼食、昼寝起き、昼すぎのこびれ、夕方（ばかっ茶という）、夕食時など、一日に八〜九回はお茶を飲む。また、来客には必ず「お茶飲んでいきや」と、漬物や簡単な煮物を添えてお茶を出し、何杯でも注ぎ足してもてなす。この時のお茶うけが大事で、日ごろのずく（やる気）の有無が試される。暑い夏には麦茶を井戸で冷やして飲んだ。

②お酒・どぶろく

お酒は合成酒が多く、近所の酒屋から一升瓶で買った。また、蒸米に米麹、水を混ぜて樽やかめに仕込んでどぶろくをつくり、密かに楽しんでいた人もいたようである。

③甘酒

甘酒はやわらかく炊いたもち米と麹と混ぜ合わせて、一昼夜こたつで発酵させてつくる。また、熱湯の中にごはんと麹を入れて、一昼夜こたつで発酵させてもできる。

甘酒はひな祭りや味噌仕込みなどの人寄せの際に、もてなしのごちそうとなった。また、夏バテ防止に夏でも甘酒をつくり、冷やして飲んだ。

甘酒

コラム 2

「みまき豆腐」の誕生

今から三五年も前、旧北御牧村では、夏場の慢性的な貧血を改善するために、保健婦や保健指導員、食生活改善推進委員、農協婦人部、母親連絡会などが集まり、きびやアマランサスの栽培に取り組み、きびもちやきびおこわなど普及しました。そのころ、国の減反政策によって、村では大豆をつくることになり、種子を全戸配布し、収穫した大豆で豆腐をつくることになりました。

加工所は女性たちが出資し、県や村、農協からの補助金で設立され、豆腐づくりから配達まで女性たちの手で行いました。消泡剤は不使用、凝固剤にはにがり（塩化マグネシウム）のみを使用するこだわりの「みまき豆腐」は「木綿であって絹の舌ざわり」「大豆の旨味が生きている」と口コミで人気が広がり、現在に至っています。

ほかにも地元の農産物を使って、おやきやパン、おもち、味噌づくりへ研究開発がすすみ、発展してきました。

大豆栽培農家の高齢化などの課題はありますが、「安全、安心な食材を学校給食や各家庭に」との思いはこれからも末永く受け継がれていくでしょう。

（北御牧村味の研究会　井出容子）

苦労した味噌・醤油づくり

昭和三十年代半ばごろまでは味噌や醤油は家ごとにつくっていました。なかでも米を蒸し、麹を出す作業はとても苦労した思い出があります。わらを敷いた上に蒸した米を広げ、その上に家で編んだむしろを掛け、さらに毛布を重ねて熱を逃さないようにし、さらにお湯を沸かして部屋を温めるなど、いろいろと知恵を使いました。

その後、生活改善グループの活動が活発になり、各常会の作業場に麹室《こうじむろ》がつくられるようになりました。これにより、大きな鉄鍋にお湯を沸かして麹出しをする作業がとても楽になりました。また、大豆つぶし機も共同購入して持ち回りで利用できたため、大豆をつぶす重労働も軽減されて、大変助かりました。

今は何でも買って食べられるようになり、各家庭で味噌を仕込むこともなくなってしまいましたが、あの苦労も今となってはなつかしい思い出です。

（祢津　小林三年）

第三章

四季のめぐみと食生活

東御市は、北に見る浅間連峰や湯の丸山、烏帽子岳を背に、南面に緩やかに広がる傾斜地帯で、それらの連山から所沢川や三分川、金原川が、南には蓼科山、春日渓谷を通り、鹿曲川が合流して千曲川に注ぎこんでいる。東西に流れる千曲川に平行して、しなの鉄道や国道一八号、浅間サンラインの二本の大動脈が走り、自然豊かで景観も良く大変暮らしやすい土地柄である。

県下一雨が少ない当地では、昭和三十年代に水不足への対策として、ため池の造成や農業構造改善事業による基盤整備などが行われ、その結果豊かな水田地帯となり、さらに桑に代わる野菜やぶどうの産地になった。

このように豊かに生まれ変わっていく東御市の地に育まれる四季のめぐみに感謝し、地域を挙げて祝う伝統ある御柱祭や歌舞伎、道祖神祭りなどの伝統行事や文化を大切に受け継ぎ、家族や地域の人たちの絆を深めてきた。

東御市の地の利を活かした四季の産物や人々の知恵と自給を大事にした暮らしや行事食、郷土食を記してみた。

苗取り

1　春のめぐみと食生活（三月、四月、五月）

「暑さ寒さも彼岸まで」という先人のことわざ通り、春の彼岸が過ぎると草花が芽を吹き、野良仕事に追われる日々がはじまる。枯葉の間からほうれんそうがシャンと生き返り、春を待ちかねた山菜も芽を出す。こうした新しい命の息吹を感じると、しみじみと村で暮らす幸せを感じる日々がつづく。

田んぼでは裏作でつくる麦踏みに精を出し、その合間には大釜を持ち出して近所の女衆が寄り合って味噌煮をする。味噌は毎日の味噌汁や料理の味つけに使う大切な食材であり、どの家でも一～三斗の大豆を煮た。

やがて田んぼでは苗代づくりがはじまり、その後はすじ播きや霜よけのトンネルづくりと本格的な田んぼ仕事の季節になる。このころになると、春になった証しのように田んぼの土手や庭先ににらが群生しはじめる。

母親たちは野良仕事の忙しい合間をぬって、おこびれににらのうす焼き（にらせんべい）を焼いてくれる。春の農作業は冬の間に冬眠していた体にはこたえるが、カッコウが鳴くころには、豆や野菜の種まきもすませなくてはならない。

やがて、黄金色に実った小麦やたまねぎの収穫、田んぼの耕起と代かき、苗取り、田植え、春蚕の掃き立てなど、目の回るような忙しい日々がつづく。体を激しく使うこのころは、白いごはんに具だくさんの味噌汁と漬物がごちそうとなる。田植えの時には、冬の間につくっておいた凍み大根や切干し大根、ちくわを使った田植えのごちそう（にしん、ちくわ、山菜、凍み大根、じゃがいもなどの煮物）をどっさりつくり、大きな塩むすびもたくさん用意する。

春祭りや卒業式、入学式、お節句の祝い事などもつづき、忙しいなかにも心浮き立つ行事を楽しみ、ほっと息つくことも忘れなかった。

①春の日常食

忙しい時期には一度にたくさんつくって、ばっかり食がつづいても、誰も不平不満は口に出さないのが家族の食卓である。

朝食…麦飯、具だくさんの味噌汁、魚の缶詰、ふき味噌、漬物（冬菜・野沢菜・大根）

昼食…おにぎり、朝飯の残り、漬物など

夕食…ちくわと野菜たっぷりの煮込みうどん（またはすいとん・つみいれ・だんご汁）、油揚げと野菜の煮物

おこびれ…腹持ちのいいおやき、にらせんべい、味噌味のこねつけ、あられなど

春の暮らしと食（3月～5月）

月	仕事	食の段取り	行事	食（ごちそう）
3月	麦の手入れ 畑の準備	冬囲いの野菜の始末 古漬の始末	ひな祭り 春彼岸 卒業式 十九夜念仏	甘酒、ちらしずし、もち だんご、天ぷら、ぼたもち 赤飯、天ぷら、ふき味噌
4月	じゃがいもの植え付け 苗代の用意 野菜畑づくり すじ播き	味噌づくり 醤油づくり 味噌漬用野菜の用意 山菜とり	入学式 お花見 春祭り	赤飯、煮物 草もち、甘酒 ちらしずし、うどのごま和え、 にらせんべい
5月	たまねぎの収穫 田ごしらえ 野菜苗の植え付け 大豆・豆類の種播き	山菜とりと保存	端午の節句 八十八夜	かしわもち、赤飯 おにぎり

②春の食材と料理

冬の間に体にたまった毒素は「苦味」で追い出せといわれる。

とう立ち菜　前年の秋に播いておいた冬菜が、春になるととうが立ってくる。その芽を摘んでおひたしや和え物、時漬けにする。ほろ苦い春の味がたまらない。

にら　田んぼの土手や庭先に群生し、刈り取ってもすぐに伸びてくる強い生命力をもつことから、精のつく食べものとしてせんべいやおひたし、卵とじなどにする。

たまねぎ・にんにくの茎　ゆでて酢味噌和えや味噌炒めにする。

にら

たまねぎ

ふきのとう　ふき味噌の風味と苦味が食欲を増進させてくれる。天ぷらも風味がよく、春にふさわしい食材である。生長したふきの棒は「きゃらぶき」にして保存し、重宝する。

わらび　春先から七月までとれる山菜。アク抜きをしておひたしや煮物、炒め物、からし和えなどに広く利用できる。塩漬けか、乾燥して保存する。

うど　白い部分はゆでてごま和えや酢味噌和えに、葉の先の部分は天ぷらにする。

たらの芽　新芽の天ぷらは風味が一番、ごまのおよごしもおいしい。

よもぎ　ゆでたよもぎと米粉を練り合わせ、小豆あんを包んで蒸した草もちにする。天ぷらやおひたしにしたり、乾燥してお茶にして飲んだりもする。よもぎは四方の気を集め、邪気を払うといわれ、食べて体に精をつけ、身を清めて仕事に励む。

おはづけ煮　すっぱくなった野沢菜漬けを刻んで塩出しをして、煮干しと少々の油で煮る。

干し大根・凍み大根　田植え時の煮物として身欠きにしんやわらび、ふき、じゃがいもなどと醤油味をつけて大鍋で煮る。

梅漬け　小梅や大梅を塩漬けし、赤しそで色をつける。梅酢はみょうがや大根漬けなどに利用する。ひと手間かけて陽に干して梅干しにする人もいる。

ふき味噌

きゃらぶき

甘酒　ごはんと麹を合わせて発酵させた甘い飲みもの。三～四月の節句や味噌煮のころにつくるが、ふだんは病気の時ぐらいしか飲めない貴重品である。

③春の行事食

各種の行事のほかに卒業式や入学式などもあり、忙しい合間を縫って春のごちそうを楽しむ。

ひな祭り…ちらしずし、甘酒
端午の節句…赤飯、柏もち
彼岸…ぼたもち、だんご
春祭り…赤飯、おやき、天ぷら
田植え…田植え煮物、塩むすび

2　夏のめぐみと食生活（六月、七月、八月）

朝は家中で暗いうちから飯前仕事に励む。夕食の用意は年上の子どもが引き受ける。みずみずしい夏野菜が食べきれないほどとれ、それを食べて元気を出して農作業に励む。

きゅうりは夕食に一本、味噌をつけて食べると夏バテしなかった。なすや南ばん、たまねぎなどの油味噌炒めは栄養的にも優れていて、どこの家でもおかずにつくった。夏野菜は大切な栄養源で天ぷらや油炒めにすることが多く、とくに掘りたての新じゃがいもはほっくりしてとてもおいしい。

夏の時期は養蚕や野菜づくり、田んぼの管理にと毎日忙しいが、盆に落ち着いてご先祖様をお迎えできるようにと、盆前仕事と盆勘定を無事すませて盆を迎える。夏祭りの準備や寄り合いで夜昼なく忙しいが、それも苦にはならず楽しみであった。

①夏の日常食

朝食…麦飯、具だくさんの味噌汁、野菜の油炒め、きゅうり、なす、トマト、ゆうがお、じゃがいもなどの煮物

昼食…朝の残りもの（暑い日はそうめん）

夏の暮らしと食（6月～8月）

月	仕事	食の段取り	行事	食（ごちそう）
6月	田植え 養蚕	梅漬け ふきの収穫と保存		おにぎり、ふきとにしんの煮しめ、おやき
7月	養蚕 田の草取り 畑仕事 たまねぎの収穫 小麦の脱穀	じゃがいもの収穫 夏野菜の収穫 にんじん・ごぼうの種播き 梅漬け・梅干しづくり	農休み 祇園祭 土用丑の日	巻きずし、ちらしずし、おはぎ、まんじゅう 「う」のつくもの （うなぎ、どじょう）
8月	あぜの草刈り 秋野菜の種播き 養蚕	白菜・玉菜・大根の種播き 白うりの粕漬け 夏野菜の保存	お墓の掃除 七夕 迎え盆・送り盆	おすし、おはぎ 一日まんじゅう 七夕まんじゅう、そうめん、天ぷら 天ぷら、おやき、巻きずし、混ぜごはん、煮物、そうめん

きゅうり

夕食…野菜たっぷりのだんご汁、蒸かしなす、漬物

おこびれ…こねつけ、とうもろこし、枝豆、すいか

②夏の食材と料理

おばあさんは「ぶら下がってなる夏野菜（果菜）は体を冷やしてくれる」という。野良から帰る母の前掛けには必ず何かが入っていた。

きゅうり　夏一番の食材でいろいろに使える。漬物や粕もみ、丸かじり、冷や汁がうまい。

なす　煮る、焼く、蒸す、油炒めなどにして食べるほか、おやきの具や煮物にする。

ゆうがお　煮物やあんかけ、味噌汁の実にするほか、かんぴょうに加工し、巻きずしや五目ごはんに使う。

なす

みょうが　味噌漬けや梅酢漬けにするほか、刻んでかつお節と混ぜてごはんにかける。薬味としてとても重宝する。

じゃがいも　育て方が楽で収量も多く、貯蔵ができるありがたい食材。料理の幅が広く、いろいろに使えるが、とくに油と砂糖醤油でつくる小いもの煮ころがしが喜ばれる。特産の御牧原台地の白土いものおいしさはピカイチである。

たまねぎ　油炒めや味噌汁の実、煮物に使うほか、生でも食べる。

かぼちゃ　皮の赤い「地かぼちゃ」と深緑色の「唐かぼちゃ」が主につくられている。煮物や天ぷら、およごし、かみなりなどにして食べる。

すいか・まくわうり　冷やして食べるのが何よりの楽しみである。

トマト　同じ場所では連作ができず、雨にも弱くてつくりにくい作物だ。生で食べるが、栄養満点の野菜である。

すべりひゆ・あかざ　畑のやっかい者であるが、おひたしにするとおいしい。

③夏の行事食

祇園祭…巻きずし、ちらしずし、おはぎ、まんじゅう
七夕祭…天ぷら、そうめん、七夕まんじゅう
お盆…天ぷら、おやき、巻きずし、混ぜごはん、そうめん

ゆうがお

かぼちゃ

3　秋のめぐみと食生活（九月、十月、十一月）

稲穂が黄金色に色づき、収穫の秋を迎えると、稲刈り、はぜかけ、脱穀、もみすりと、供出まで忙しい日がつづく。収穫した新米のごはんは、勤労感謝の日（戦前までは新嘗祭の日）に神棚にあげてから食べる。ぴかぴかに光った甘い香りのする新米ごはんを食べるのはこの日だけで、次に食べるのは年が明けて古米を食べきってからになる。豊かな実りを喜び合い、秋野菜や豆などの収穫、冬の漬物の準備など、越冬に向けての準備に忙しい日がつづく。

秋晴れのころになると学校の運動会が行われ、枝豆をゆでたり、さつまいもを蒸かして持っていく。秋祭りには収穫を感謝して赤飯を炊き、親戚を招く。また、お彼岸にはご先祖様をおはぎでもてなす。

①秋の日常食

朝食…麦めし、具だくさんの味噌汁、魚の缶詰、焼き魚、かぼちゃの煮物、白菜のもみ漬け
昼食…味噌や塩のむすび、朝の残りの煮物、漬物

秋の暮らしと食（9月～11月）

月	仕事	食の段取り	行事	食（ごちそう）
9月	養蚕 ぶどうの収穫 稲刈り	野沢菜の種播き	二百十日 中秋の名月 お彼岸	天ぷら、おやき だんご、まんじゅう ぼたもち、里いもの煮物、白菜の漬物、ぶどう
10月	稲刈り 里いも・さつまいもの収穫 りんごの収穫 柿の収穫	いも干し 干し柿	かかしあげ 十三夜 運動会	おはぎ 煮物、そば 蒸かしいも、いもきんとん ゆで豆
11月	わらあげ 大豆の収穫 ながいも・ごぼう・にんじんの収穫 秋野菜の収穫 たまねぎの定植	干し柿 たくあん用大根干し	えびす講 勤労感謝の日	さんま、大根煮物 新米ごはん、長いも、里いもの煮物、白菜・キャベツのもみ漬け

夕食…煮込みうどん、煮物（ちくわ・油揚げ・大根など）
こびれ…蒸したさつまいも

②秋の食材と料理

根菜類を中心にいろいろな野菜をたくさん食べて、体に栄養を蓄えて冬を迎える。

おろ抜き菜　野沢菜や大根などをおろ抜いた（間引きした）菜。汁の実やおひたし、和え物・炒め煮などに使う。

大根　秋冬のもっとも大事な食材の一つで、土にいけて（埋めて）貯蔵する。大根と油の相性は抜群で、大鍋の煮物やけんちん汁、なます、おろしにしてもおいしい。真冬には春の煮物用の凍み大根や切干し大根をつくっておく。たくあん漬けは二〇〇本ほどを樽に漬けるほか、味噌漬けにもする。

にんじん　野菜のなかでは芽出しが難しく、昭和三十年代には香りの強い長いにんじんをつくっていた。貯蔵しやすいうえに、色どりもよく、栄養的にも優れているため、煮物やけんちん汁のほか、カレーや五目ごはん、天ぷらなどにも使った。

ごぼう　収穫作業は大変だが、風味と食感がよく、煮物・汁もの・味ごはん・おせち料理には欠かせない食材で、行事食には必ず使われた。代表的な日本の食材。

さといも　古くから日本で食べられてきたもので、冠婚葬祭の料理には欠かせないおめでたい食材。親いも（種いも）に寄

りそうように、たくさんの子いもや孫いもができる。皮をむいて干した茎は「いもがら」と呼ばれ、煮物や味噌汁の実にする。のど越しがよく田舎の味としてとてもおいしく、血の道に効くと産婦に食べさせた。

さつまいも　戦中戦後を通して食料難を乗り切るのに大事な役割を担った食材で、節米のためにほとんどの家でつくっていた。寒さに弱く、貯蔵に苦労した。蒸かしいもは稲刈りのおこびれに、干しいもは冬のおやつにした。お正月は蒸かしてつぶし、砂糖を入れて「いもきんとん」をつくった。お祭りのころにさぐり掘りしたものは格別にうまかった。

白菜　大事な越冬野菜で、煮物や和え物、汁の実などによく使った。薄氷のはった白菜の漬物は母親の思い出につながる味である。

玉菜（キャベツ）　秋から冬にかけて塩もみや煮物、汁物、漬物など、さまざまに使えてとても重宝した。

長ねぎ　汁物や薬味、酢味噌和え、かき揚げ、天ぷらなど、味も風味もよいため、広く料理に使えた。

きのこ　山でとれる、りこぼう（はないぐち）、やぶたけ、あみたけなどは、煮物や汁物、うどん、炊き込みごはんに使う。

柿　どの家にも屋敷内に柿の木があり、身近な果物であった。生で食べ、干し柿や熟し柿にしたが、砂糖に代わる甘味料として大いに重宝した。

大豆　ゆで豆や炒り豆にしておやつにした。にんじんやごぼう、こんにゃく、こんぶなどと甘辛く煮た五目煮はごちそうだった。

鶏肉・卵　鶏はどこの家でも自家用に飼っていたが、卵は一個一〇円ほどで売れたので、病気の時くらいしか食べられなかった。病気の見舞いにも持って行った。

いなご　熱湯でゆでてから、妙って甘辛く煮つける。カルシウム源として大事な保存食であった。ゆでたものを干して保存しておいた。

たにし　三日くらい水をとりかえて泥を吐かせ、ゆでて身を出し、酒や味噌、砂糖で味付けしておかずや味噌汁の具にした。大事なタンパク源になった。

ねぎ

大豆の五目煮

③秋の行事食

運動会…ゆで豆、蒸かしいも、巻きずし、五目ごはん、天ぷら、ぶどう、りんご

勤労感謝の日…新米のごはん

えびす講…焼きさんま、おやき

4 冬のめぐみと食生活（十二月、一月、二月）

冬ごもりに向けて、畑にとり残してある野沢菜や大根、にんじん、ごぼうを掘り、畑仕舞いをし、冬の貯蔵野菜の準備に取りかかる。こうした貯蔵・保存の技も、料理や加工の技とともに伝承しておきたい食文化である。

この時期は、お正月を中心にいろいろな行事があって、蓄えてある米や麦、野菜などを使って料理に腕をふるい、日ごろからお茶飲み会などを通じて互いに家の味を教え合った。また外での農作業はあまりなく、一年のなかでも体を休められる大切な時期でもあった。

冬の暮らしと食（12月～2月）

月	仕事	食の段取り	行事	食（ごちそう）
12月	野菜の冬囲い 正月準備 畑仕舞い	野沢菜漬け、たくあん漬け もちつき おせち料理づくり	冬至 お年取り	かぼちゃの煮物 年取り魚（さけ、ぶり）、煮物、きんぴら、焼きさんま、年越しそば
1月	わら仕事 山仕事 果樹の剪定 布団の手入れ	古漬けを福神漬けに加工 凍み大根、切干し大根づくり	正月 七草 ものづくり どんど焼き	雑煮、おせち料理 七草がゆ 米粉だんご、あられ とろろ汁、ようかん
2月	わら仕事 山仕事	あられ用もちつき かきもちづくり	節分	いわし、炒り豆、とろろ汁 古漬の漬物（たくあん、野沢菜）、凍み大根の煮物、切干し大根の煮物

①冬の日常食

朝食…麦飯、具だくさんの味噌汁、大根やいもの煮物、煮豆、漬物
昼食…朝の残り物、ゆで卵または卵焼き
夕食…煮込みうどん、だんご汁、粕汁
おこびれ…甘酒・炒り豆・あられ・漬物

②冬の食材と料理・加工

大根、にんじん、ごぼう、いも類、白菜、玉菜など、冬囲いしたたくさんの野菜。それらをいろいろな料理や食品に調理・加工する。

冬囲いのもろ

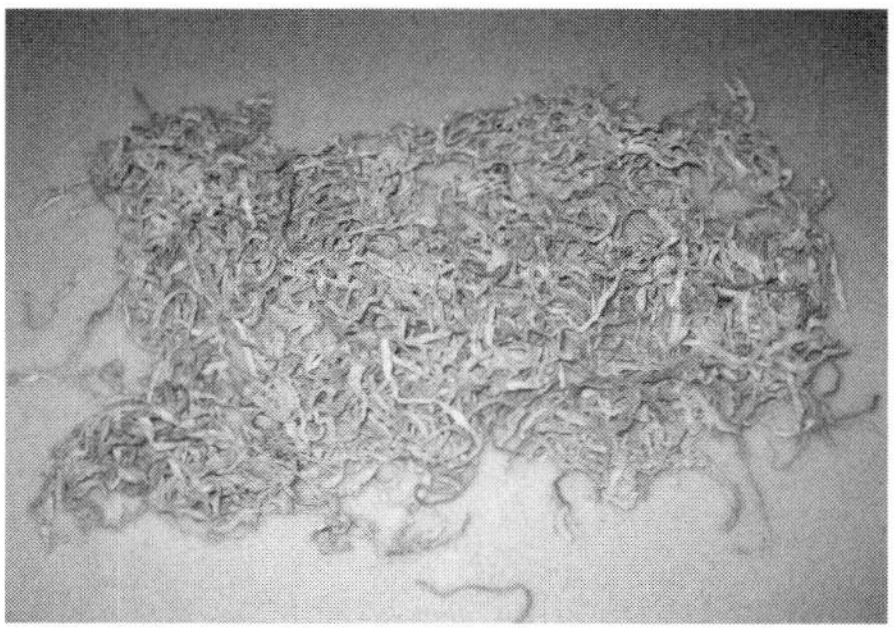

切干し大根

凍み大根　凍みを活かした大根の加工品（大根を輪切りか縦切りにして、よく凍みる軒下につるし、乾燥する）。調理はぬるま湯で戻して、ちくわやにんじん、じゃがいも、にしんと煮る。この煮物が田植え時に最高のごちそうになる。

切干し大根　日差しが強くなったころ、大根をせんぞについて（千切りにして）ゴザの上で四～五日ほど干して仕上げる。戻して煮物や漬物にする。

たくあん漬け　大根の干し加減と塩加減は食べごろに合わせて決める。隠し味や風味つけに柿の皮やなすの葉の干したものを入れる。

野沢菜漬け　野沢菜は二～三回霜をかぶってから収穫すると、アクが抜けてやわらかくなる。塩や味噌、昆布、とうがらしなどを使って、わが家の自慢の味に仕上げる。

凍み大根の煮物

白菜漬け　どこの家でもたくさん漬ける。

いも干し　固めに蒸かしたさつまいもを薄く切り、天日に干して白い粉をふかせる。甘味が増しておいしくなり、保存が効く。

干し柿　渋柿の皮をむき、軒下などにつるして天日で干し、白く粉をふかせて保存

いろいろな漬物（左上：大根の巨峰漬け、左下：たくあん漬け、右上下：野沢菜漬け）

もちつき

する。つるし柿がならぶ光景は「柿のれん」といわれ、冬の風物詩である。冬場のお茶うけに重宝する。

あられ　もちを小さく切って乾燥して保存しておく。油で揚げたり、ほうろくで炒ってから砂糖・醤油で味をつける。子どもにとっては上等なおやつだった。

③冬の行事食

冬至…一陽来復。無病息災を祝う。かぼちゃぼうとう、かぼちゃのおかゆ、こんにゃくなど〝ん〟のつくもの

勤労感謝の日…新米の白いごはん

正月準備…もちつき（お飾り、あんころもち、きなこもち、きびもち、豆もち）。おせち料理づくり（きんぴら、煮豆、煮しめ、なます、ようかん）

大晦日…年取り。さけ、ぶり、鯉、年越しそば、とろろ汁、おせち料理

元旦…お雑煮（とり肉、なると、ねぎ、さといもを醤油味で）

七草がゆ…七草（せり、なずな、ごぎょう、はこべら、ほとけのざ、すずな、すずしろを指すが、信州ではあるものですませる）ともち。若菜を食べてその生命力にあやかる。正月に疲れた胃を休める意味もある。

節分…厄払いや魔よけのために炒り豆をまく。いわし、とろろ汁、こんにゃくを食べる。

コラム 3

貧しくも楽しみに満ちた食生活

終戦直後の深刻な食糧不足のころは、畑の麦の間にさつまいもを植え、麦もさつまいもも主食として食べていました。当時は野山や道端に生えるたらの芽やわらび、ぜんまい、せり、にらなども食用にしました。同じ野山のものであっても、よもぎがとれると草もちに、柏の葉は柏もちにと、それらは大変なごちそうに変わり、毎年の楽しみでした。

養蚕がさかんなころは、区の人たちが八十八夜に米の粉でまゆ玉をつくって豊作を祈願する行事もありました。貧しいながらも食べものにまつわる行事はたくさんあり、それが生活の楽しみでもありました。

やがて食糧が増産され、高度経済成長期を過ぎると、飽食の時代となり、今やスーパーやコンビニなどでは残った食品が大量に捨てられています。昔のことを思えば、もったいない限りです。

（和　横山和子）

行事食の思い出

私が滋野村（現東御市滋野）に来たのは昭和三十三（一九五八）年で、まだ東部町に合併する直前で村のままでした。その後、昭和三十六（一九六一）年には長野県初の農業近代化モデル地区として、私が住む中屋敷地区に「ぶどう団地」ができました。

終戦直後は食べるものがなかった時代ですが、だんだんと食糧事情もよくなり、昔からつづく行事食を食べられるようになったのもこのころでした。一月は暮れについたおもちを食べ、稲の花やまゆ玉をつくり、柳の枝につけて飾ります。二月は馬引という行事があり、わらで馬をつくって中にもちを入れ、それを持って神社にお参りします。三月はひな祭りにおすしをつくり、彼岸にはぼたもちとだんごをつくります。

この中屋敷では八十八夜があります。それぞれの家から米を五合ずつ集めて粉にひき、臼でついてまゆ玉にして、家族全員が食べる分を持ち帰ります。当時は毎年順番で当番になる家が決まっていましたが、今ではその年の農事組合の当番が公民館を使って行っています。

今ではいろいろな行事食をわざわざ自分でつくらなくても、スーパーに行くとたいていのものは売っています。しかしながら、売っているものには行事食が本来意味する、感謝や祈り、地域や家族・先祖との絆のような大事なものが欠けている気がしてなりません。

（滋野　唐澤敏）

第四章

子どもと食

昭和三十年代前後の東御市の暮らしは、米や麦・大豆の栽培、養蚕や畜産など、家族そろって一年中多忙を極めていた。子どもたちも山羊の餌の草刈りや乳搾り、子守り、夕食づくりなどの家事仕事から、田植えや稲刈り、稲こきなどの田んぼ仕事、田畑の仕舞い仕事などにいたるまで、一人前の働き手として重要な存在であった。子どもたちはお腹が空くと、仕事や遊びのついでに野山の木の実や畑の野菜をとって、上手におやつにしていた。

一方、学校給食が本格的に実施されたのは太平洋戦争後である。戦後、虚弱児や欠食児が増えるなかで、保護者が中心になって野菜や味噌を持ち寄り、まずは味噌汁給食からはじまった。昭和二十九（一九五四）年に学校給食法が公布されるや、ユニセフから支給された高タンパク・高栄養の脱脂粉乳とパンによる学校給食が全国に普及した。その結果、子どもたちの体位が著しく向上した反面、若い世代の日本食離れがすすむ遠因になったともいわれている。

東御市では学校給食への地域食材の供給がすすんでいるが、食育と農業振興に向けた施策の一つともなっている。

道祖神祭

1 おやつ（おこびれ）

成長ざかりの子どものころは、皆いつも腹を空かせていた。たまには祖母や母がにらせんべいやあられを手づくりしてくれることもあったが、たいていは自分でむすびを握ったり、兄弟や友だちと遊びながら山の木の実や桑の実をとって仲よく分け合って食べていた。

①米・麦・豆のおやつ

おやつといえば、おむすびや小麦粉と野菜でつくるうす焼き、残りごはんと小麦粉のこねつけ、お正月のもちの切れ端でつくるかきもちやあられ、炒り豆が大半だった。

おむすび　ふだんは塩むすびであったが、たまに食べる味噌むすびは好評だった。

こねつけ　残りごはんに小麦粉を混ぜてフライパンかほうろくで焼いたもので、油で焼いたり揚げたりしたものは大好評だった。少々傷んだごはんでも水で洗って油で揚げると問題はなく、残り物でも粗末にしなかった。

うす焼き　水溶き小麦粉ににらやねぎを刻んで混ぜ、油をひいたフライパンで焼く。味噌を混ぜこんだり、あとで味噌をつけたりして食べた。ほうろくだと一度にたくさん焼けた。

あられ・かきもち　正月のもちの余りや切れ端を乾燥させて保存しておき、油で揚げる。砂糖をまぶすと上等なお菓子になる。お供えもちなども小さく割ってあられにした。

にらせんべい

こうせん・炒り豆　大麦を炒って石臼でひいてこうせんにして、お湯で練って砂糖を少し加えて食べた。よく練らないとむせることがあった。大豆はほうろくで炒って食べた。固くて食べにくかったが、とても香ばしかった。

②野菜や屋敷まわりの木の実のおやつ

なす・きゅうり・すいか・トマト　きゅうりはそのままか、味噌をつけて食べた。

とうもろこし・さつまいも・じゃがいも　蒸かしたり、干して甘くして食べた。

ぐみ・いしらんべ・すぐり・なつめ・桑の実・柿・いちいの実・地梨　屋敷まわりに植えられた木からとって生で食べた。

③野山のおやつ

あけび・栗・すいば（すいこん）・ざくろ・クルミ　畑仕事や遊びのついでに兄弟や友だちと一緒にとってよく食べた。

④購入か物々交換で手に入れたおやつ

何よりも楽しみに待っていたのは、自転車で売りに来る当時五円のアイスキャンディやアイスボンボンだった。売り物のなかにはいちご味やみかん味の粉ジュースもあり、甘酸っぱい不思議な味がした。また、とっかんせんべい屋が来るのも楽しみであった。当時は手元に現金があまりなかったため、米を持参し、加工賃を払ってつくってもらった。

ぐみ

桑の実

あけび

2　学校給食

学校給食が本格的に実施されるようになったのは太平洋戦争後であり、昭和二十九（一九五四）年に学校給食法が公布された。物置を改修して調理室にしたり、公使室のかまどを使ったりして給食がはじめられ、最初のうちは母親たちが毎日交代で味噌汁給食を手伝った。給食に使う野菜は児童・生徒が決められた量を交代で持参してまかなった。

①東御市における学校給食の変遷

東御市は五小学校、二中学校ともに自校給食と小規模センター給食である。これは東御市の誇りともいえる。その歴史をたどると次の通りである。

昭和十七（一九四二）年　補食給食として、ＰＴＡや保護者会が自家用野菜を持ち寄り、味噌汁給食をはじめた（祢津小ほか）。食料不足がつづいた当時は、麦めしと梅干しの日の丸弁当に、おかずは削り節、いもや大根煮付け、たくあん漬け、赤や黄色のでんぶなどであった。子どもたちはお互いに弁当のふたで中身を隠しながら食べていた。

昭和二十（一九四五）年代　完全給食がはじまった。

昭和二十九（一九五四）年　学校給食法が公布された。

昭和三十一（一九五六）年　合併により東部町が発足後、物資の共同購入がはじまった。小中学校に教育の一環としてランチルームができた。

昭和三十九（一九六四）年　東京オリンピックの年、脱脂粉乳から牛乳に切り替わった。脱脂粉乳は評判が悪かったので、子どもたちは大喜びだった。

昭和五十二（一九七七）年　前年度の学校給食施行規則の改正により、長い間の念願であった米飯給食が正式に導入され、JA米を使い、週一回からはじめ、やがて週三回になった。

昭和六十（一九八五）年代～　北御牧村では村内の母親グループが無農薬栽培の野菜をまずはじゃがいもからはじめて、現在は米やきび、小麦粉、味噌、豆腐、りんご、とうもろこしなど三〇品目以上の農産物を小中学校に提供している。こうした学校給食での農産物の地産地消の取り組みができるのも、自校方式を実施してきたおかげと考えられる。

②給食献立の移り変わり

子どもたちの栄養補給や教育目的を掲げて実施された給食の献立は、その時々の時代背景によってさまざまに変化した。

昭和二十二（一九四七）年に脱脂粉乳と味噌汁の給食（味噌汁給食）がはじまった。

昭和三十（一九五五）年代に入ると、コッペパンと脱脂粉乳におかずが一品となり、野菜の煮物や煮豆、揚げ豆、揚げちくわ、魚肉ソーセージ、野菜サラダなどが出た。人気の献立ベスト三はカレー、揚げ鯨肉、ゆで卵で、よく使われた食材は鯨肉やちくわ、魚肉ソーセージ、大豆であった。昭和三十九（一九六四）年のオリンピックの年に脱脂粉乳から牛乳に代わり、パンもぶどうパンや揚げパンなどが時々出されるようになり、カレー汁をかけて食べるソフト麺も人気献立のひとつだった。

祢津小学校６年生の身長・体重の変化

年代	体重（kg）		身長（cm）	
	男子	女子	男子	女子
昭和20年代	28.0	28.4	130.7	131.2
昭和30年代	30.8	30.3	134.5	134.4
昭和40年代	33.0	37.1	140.8	144.9
昭和50年代	37.3	39.1	144.3	146.1
平成元年	38.2	41.0	146.1	148.3

昭和四十（一九六五）年代から五十年代にかけては、スパゲティやカレーシチュー、鶏肉の唐揚げが人気献立のベスト三であった。

昭和五十二（一九七七）年には、米飯給食が正式に導入された。理由としては、日本の米が余ってきたという経緯もあるが、教育上からも米飯が望ましいとされたからである。はじめは週一回であったが、次第に回数が増え、現在では週三回ほどになっている。米飯給食は献立にも画期的な変化をもたらした。和風のおかずが増え、パンは食パン、黒パン、ぶどうパンが出された。また、学校教育のなかに位置づけられた結果、食事中のマナーやあいさつが重視された。給食の時間には当番児童が白衣を着て配膳するようになった。

このころから学校給食の効率化をすすめる動きが加速し、自校給食を給食センター方式に移行する自治体が増えてきた。

学校給食の献立例

	献立例	一人あたり材料費
昭和 35 年（1960 年）	コッペパン 脱脂粉乳 鯨肉の竜田揚げ キャベツの塩もみ	17 円
昭和 60 年（1985 年）	揚げパン（または米飯、ソフト麺） 牛乳 味噌汁（またはスープ、シチュー） ハンバーグ ヨーグルトサラダ	―
令和元年（2019 年）	ごはん 牛乳 にじますの唐揚げ 野沢菜和え ちゃんこ汁 巨峰	267 円（小学校低学年）

給食献立（令和元年）

給食風景（令和元年）

3 お手伝いとしつけ

子どもたちはしつけの面からも子どもの成長に応じて、家族の一員として家事仕事や農作業、養蚕、家畜の世話などを任され、毎日多忙であった。

①春の田植え休みのころ

山羊や鶏を飼っている家が多く、家畜の世話は子どもの仕事だった。したがって学校から帰ると、山羊の餌用の草刈りや乳しぼり、うさぎの餌用の草刈りは当たり前であった。

五月末から六月にかけて、一週間ほど春の田植え休みがあり、苗取りや苗運び、綱張り、田植えを手伝った。また、麦刈りや子守り、夕食の手伝いなど、家族とともに何でも手伝った。子どもたちは働きながら遊び、生きる知恵や家族の一員としての自覚、人間関係における上下関係なども学んだ。

②秋の稲刈り休みのころ

日ごろから子どもたちは水番やすずめ脅しなどをして、家の米づくりを手伝っていた。九月末から十月にかけては、一週間ほど秋の稲刈り休みがあり、稲刈りや稲まるけ、稲運び、脱穀時の稲渡し、落ち穂拾いなどを手伝った。

ほかにも麦踏みや畑仕事の片づけ、豆こなしやいなごとりなど、子どもが担う仕事もたくさんあった。

③一人一役のしつけ

家屋のはき掃除や食後の片づけ、遊び道具の片づけ、身のまわりの衣服の整理など、日々行う仕事は多かった。学校のストーブの焚きつけも自分で用意することになっていたため、焚き木拾いも自ら行った。こうした手伝い仕事を通じて家族の一員としての自覚が養われていった。仕事を行ったあとに時々もらうおいしいお菓子のお駄賃が、子どもにとっては何よりうれしかった。

山羊の親子

コラム 4

お手伝いや食べものの思い出

昭和三十~四十年ころは子どもたちが近所にたくさんいて、誘い合っては大勢で野山に出かけて遊んだものです。学校から帰ると、お手伝いしているという感覚ではなく、楽しみ半分、遊び半分で山羊やうさぎにくれる（やる）草を刈り取りました。それがどの家でも子どもの日課でした。

秋になるといなごやたにしをとって持ち帰り、それが料理になって食卓に並びました。当時はそれらが栄養源になるとは考えもせず、すべてが自然からのいただきもので自給自足でしたが、それでも最低限の栄養は足りており、案外豊かで満足のいく食生活でした。

また、隣近所の庭や道は子どもたちの遊び場であり、ほかの家の庭先にであっても、ぐみやいしらんべ（ゆすらうめ）、甘柿などを皆で遊びながらとって食べたものです。よその子であっても自分の子と同じで、子どものそんな仕業に対しては大変おおらかでした。

食卓にはつねに具だくさんの味噌汁と漬物がありました。大根やじゃがいも、にんじんなどは煮物にし、野山でとれた山菜は天ぷらにして食べ、塩漬けにして長期保存して冬場の貴重な食料にしました。それらはすべて大皿に盛りつけて家族全員でつついて食べました。今となっては本当になつかしい思い出です。

（祢津　石川愛子）

山羊の乳しぼり

子どもたちは学校から帰ると、ボテをしょって山羊やうさぎの餌にする草刈りに野原へと出ることが日課だった。

遅くなるまで働いてくる両親の代わりに夕食の用意をしながら、山羊の乳しぼりもやった。山羊にとりたての草をあげながら、暴れないように片方の後ろ足を杭棒にしばりつけてから、乳房をぬれタオルできれいにふく。それから、右手で乳房を握りこみ、左手の一升瓶の口をめがけてしぼった。山羊の乳は甘かった。疲れて帰ってくる両親や祖父が、その乳を前に喜ぶ顔がとてもうれしかった。

当時はどこの家でも山羊やうさぎ、鶏を飼っていた。うさぎの毛ではセーターを編んでもらったこともある。鶏の卵は近所の病気見舞いに重宝がられたものである。

（祢津　川上貞子）

安全な食材を学校給食へ
――北御牧地区の取り組み

「安全な食材を学校給食へ」を合言葉に活動をはじめたのは昭和六十年代のこと。ある集会で「学校給食が危ない」というスライドを見たのがきっかけでした。「子どもたちに安全なものを食べさせるためには、自分たちで無農薬野菜をつくって給食で使ってもらおう」と母親連絡会が活動を開始しました。

その後、研究会や学習会を重ね、昭和六十一（一九八六）年からは無農薬のじゃがいもを、翌年からは低農薬のたまねぎやにんじん、葉物野菜などを栽培して納入しました。やがてＪＡ女性部も加わり、学校給食に納入できる品数も増えていきました。

地産地消が世間でも認められるようになり、平成十五（二〇〇三）年には、県が学校給食に「地域食材の日」を設け、「農産物の旬を味わう長野モデル推進事業」をスタートさせました。それを機に、「お米も地元産を」と若手農家が中心になって「北御牧地区米穀納入者の会」を立ち上げました。こうして、じゃがいも一品からはじまったこの活動も、現在は野菜のほかに米や雑穀、豆腐、味噌と、納入品目は三〇を超えるまでになりました。

この取り組みを三〇年以上つづけることができたのは、自校給食であったこと、また関係者の理解と協力が得られたこと、そして何よりも子どもたちの笑顔があったからです。これからもこの活動が末長く引き継がれていくことを願っています。

（北御牧　小山美智子）

第五章

人の一生と祝い事の食

人の一生の長い歩みの途上では、健康と幸せを願い、成長や長寿を見守るさまざまな祝い事がある。この世に命を授かった時の誕生祝いや節句、成人、結婚、出産、子育てを経て長寿を祝う。やがて生涯を閉じて、法要を重ねながら家の先祖から村の先祖になっていく。

こうした折節の祝い事には、昔から家や地域ごとに特別な意味をもった伝統的なハレの食が用意されていた。その由来や調理の技などは、手伝いをとおして近所の年輩者から若い世代に自然に伝承されていった。

しかし、昭和三十～四十（一九五五～六五）年代になると、冠婚葬祭の慣習などを改める「新生活運動」がはじまるとともに、日本の社会全体が高度経済成長期に入り、日本人が大事にして来た年中行事やしきたりが次第に薄れていく一方で、生活全般が商業ペースに左右されるようになった。

婚礼

1 お産と子どもの誕生
――小学校入学までの祝いと食べもの

①お産前

かつては妊娠したことを「身ごもった」といい、女性の胎内に新しい生命が宿ったことを意味する。それは家の後継ぎができることを喜ぶ「慶事」と考えられてきた。したがって周囲は出産まで、「体を大事にしろ。重いものを持つな。高い所から落ちるな」などと、さかんに母子の体を気づかった。一方で妊婦は病気ではないため、「子どもを生む前はどんなに動いてもよい。まめに働き、無理なく動くと安産になる」ともいわれた。

出産後は、床上げまでの二一日間は「体を休めないと、あとになって一生取り返しのつかない病気が出る」といわれて、家の中で過ごした。

妊婦は、初子の出産の時には一ヶ月ほど前に実家へ戻って出産したが、第二子からは嫁ぎ先で出産することが多かった。昭和三十（一九五五）年ころまでは地域のお産婆さん（「取り上げばあ」とも呼ばれた）による自宅出産が多かった。そのため、「お産が長引いて難産になった時は、夫の名を紙に書いて産婦の布団の下に入れると楽に生まれる」、「お米を三粒飲ませると安産になる」などの言い伝えが残っていた。

また、毎年三月十九日には、十九夜さんという「安産と赤児の順調な成長」を願う女衆だけの講があった。当番の家に寄り合って、お産の守り仏といわれる如意輪観音の掛け軸を飾り、だんごとそれぞれが持ち寄ったごちそうを供えて安産祈願をした。しかし、昭和三十年代以降になると次第に産院で出産するようになり、家中が新しい命の誕生の瞬間に立ち合うことがなくなり、講も自然消滅した。

お産婆さん

②出産から子育て

出産前の妊婦はカルシウムやタンパク質をとるためにと、行商人から海の魚を買って食べた。また、毎日二、三本ずつ煮干しをかじったり、ごはんの上に煮干し粉をかけて食べたりして栄養には気をつけていた。

出産後はうなぎの骨や蚕のさなぎやいなごの佃煮をよく食べ

た。いなごをすりつぶして味噌に混ぜたいなご味噌やどうさん湯、卵とじのおじやを食べると、体が温まった。また、うどんや粉かきなどの粉ものや鯉を食べると、乳の出がよくなるともいわれ、よく食べた。そのころは多くの家の田んぼで鯉を飼っていた。

一方では、「いかは血を呼ぶ」、「干したらは血が荒れる」、「黒砂糖をなめすぎると乳の出が止まる」、「柿は体を冷やす」、「辛い南蛮は食べるな」などと、妊婦が食べてはいけないといわれたものもあった。

お七夜　子どもが生まれて七日目のことをいう。昔は新生児の死亡率が高かったため、赤ちゃんの健康状態がはっきりとわかる七日目に人間界に迎え入れて、子どもの名前をつけた。赤飯を炊き、尾頭つきの魚の膳で誕生を祝った。

いなごのつくだ煮

お食い初めの膳

お宮参り　生まれた子どもの初外出はこの時が多かった。生まれてから三十一日目ごろにお宮参り用の掛け衣装（祝着）を着せかけて、近くの神社（氏神様）に子どものお披露目に行き、その神社の新しい氏子として認めてもらい、今後の無事な成長を祈願した。そのあと赤飯を炊いて重箱に詰め、お産見舞いをもらった家々にお返しとして配った。

食い初め　生後百日目を過ぎたころに、お膳一式を用意して子どもに食べさせるお食い初めの儀式を行う。小さな茶碗や箸など食器類一式をそろえて、ごはんや汁物に尾頭つきの魚をつけた膳を用意する。この時、川原かお宮の境内から小石を拾ってきて、小皿に入れて膳に添える地域もある。小石には丈夫な歯が生えるようにとの願いが込められており、終わったらお宮に戻す。

初誕生の祝い　満一歳の誕生日を迎えると、健康や成長を願って初誕生祝いが行われる。子どもに一升の米か一升もちを風呂敷に包んで背負わせる。子どもを箕の中に立たせて、あおるまねをしたり、箕の中に杵を持って立たせて、わざと転がしたりした。これは子どもがあの世に歩いて戻らないようにとの意味が込められていた。また、箕は穀物の実入りしたものとしいなを振り分ける道具であり、米をあおるとくず米が飛び出して、実入りのよい米だけが残ることにあやかったといわれる。杵ではなくそろばんを持たせて、一生お金に困らないようにと願う地域もある。

初誕生のお祝い

初節句　誕生して初めての節句は、男児は五月五日に、女児は三月三日に行う。男児の場合は兜や鯉のぼりが、女児の場合はひな人形が、母方（父方）の実家から贈られることが多い。赤飯と内祝いの品をお返しした。

　男児の節句の時には菖蒲やよもぎを魔よけとして家の庇《ひさし》にさし、柏もちをつくって祝い、菖蒲湯に入った。その菖蒲でお腹をこすると丈夫になるといわれた。女児の節句は紅白の菱もちやひなあられ、甘酒をつくって祝った。節句が近づくと、女衆は晴れた日を見計らって米を洗って乾かし、菱もち用の米粉をつくる準備を行った。

柏もち

七五三　かつては経済的に余裕のある家が行うだけであったが、昭和四十（一九六五）年ころから多くの家で行うようになった。女児は三歳と七歳、男児は五歳を迎える時に、近くの神社にお参りしてお祓いをしてもらう。赤飯を炊いてお祝いする。

入園・入学　親にとっては子どもが新たな環境で過ごすことへの不安や心配でいっぱいであるが、子どもの成長の第一歩でもあり、赤飯を炊いて神棚や仏壇にお供えして、家族や親戚で祝った。

2　青年・成人期の祝いと食べもの

①成人の祝い

　昔は二〇歳で成人を祝うようなことはなく、戦後になってから公民館などで成人式が行われるようになった。かつては十五歳で一人前とみなされたところが多く、女性の場合は初潮を迎えることで一人前とみなされ、赤飯を炊いて祝った。

②結婚と祝儀の食べもの

結婚にあたっては、樽入れや結納、見立ての儀などを経て晴れて結婚式を迎える。昭和三十年代前半ころまでは、もらう側の婿方（嫁方）の自宅で結婚式を挙げることが多かった。しかしながら、自宅での結婚式は負担が多かったため、その後は簡素化の声が広がり、公民館など公営施設で行う結婚式へと変わっていった。

樽入れ（酒入れ）　両家の縁談話がまとまると、よいころ合いをみて樽入れをする。仲人は酒樽とするめ一対と菓子折りなどを相手方へ持っていき、結婚式の日取りを決めた。これで結婚の約束が結ばれたということになり、この日くれ方（嫁や婿を送り出す側）の家では親戚が集まり、祝宴を行った。

結納　結納は樽入れとかねて行うところもあり、結婚の話が決まってから大安や友引などの吉日を選んで行う。結納の日には、仲人や婿方の父親などが結納書に親類書きを添えて、祝品とともに相手方に持っていく。この時には、長のし、結納金、かつお節、するめ、昆布、友白髪、末広、酒樽などを贈った。

見立ての儀　見立ての儀は嫁（婿）入りの前に隣近所の人たちや友人・知人を招待し、花嫁（花婿）姿を披露して祝福してもらう宴席で、赤飯とごちそうが用意された。

結婚式・披露宴　結婚式は両家の近い親戚が集まって、仲人の立ち会いのもとで三三九度の盃ごとをして契りを交わす。その後に披露宴となり、盛大に宴会がはじまる。家でとれたも

嫁の婚家入り

親子盃

のを使った料理が中心で、親戚や近所の女衆が手伝いにきた。お土産には引き出物と折詰めが用意された。その際に使う膳椀は漆塗りの立派なもので、親戚などで貸し借りをした。

料理の一例としては、ひたし豆やかずのこ、ごまめ（煎って甘塩でからめたもので、マメでいるようにという意味がある）、結び昆布（喜ぶに通じる縁起物）、煮しめ、刺身、かまぼこ、卵焼き、吸い物、赤飯、てんぷらなどが出され、お酒も存分に用意された。そして帰り際には家族が心待ちにする料理の折詰めをもらって帰途についた。

3 長寿の祝いと食べもの

六〇歳を迎えて以降は、節目ごとに子どもや関係者が集まって、健康や長寿を祝い、さらなる無事を祈る年祝いを行う。六〇歳の還暦を皮切りに、七〇歳の古希、七七歳の喜寿、八〇歳の傘寿、八八歳の米寿、九〇歳の卒寿、九九歳の白寿と行う。赤飯を炊いて酒と肴でお祝いをする。

長寿のお祝い

4 葬送儀礼と食べもの

人の一生は誕生ではじまり、お葬式で終わる。お葬式は親戚・縁者や近所の人たちが集まり、自宅で行われた。葬儀以後も、死者の霊を慰める年忌法要を何回か行う。

①死者への供え物

仏教でも宗派によって多少異なるが、一般的には人が亡くなると遺体を北枕で寝かせ、枕元にお膳を置き、生だんごや枕飯、水、線香、季節の花などを供えた。生だんごは小麦粉を水で溶き、三cm大ほどに丸め、三個を皿に盛って供えることが多

い。枕飯は白飯をてっこもり(山盛り)にして真んなかに一本箸を立てる。枕元に供えるお膳は死出の旅の食事といわれる。

葬儀　故人の冥福を祈り、お別れをする儀式であるが、昭和四十（一九六五）年ころまでは、自宅で行っていた。準備は隣組《くるわ》の人たちが手伝った。とくに女衆は、葬儀の前日や当日の朝早くから料理をつくった。鍋や釜、包丁などの調理道具、また野菜を一ざるほど持ち寄る。長老格の責任者が料理の指示を出し、ハイヨセの人数分の精進料理をつくった。

このように、かつては葬式は周囲の大勢の人たちによってとり行われ、見送ってもらったが、自宅での葬儀は大変であり、次第に公民館やお寺などで行われようになった。その後、昭和六十（一九八五）年代以降になると、葬儀屋に依頼して葬儀場で一切が行われることが多くなり、隣組の手伝いもほとんどなくなった。

精進落とし　葬儀のあとには、忌中の席（ハイヨセ、お斎の席）が設けられ、酒と精進料理で故人をしのんだ。その料理はだんごと黒豆のおこわ、天ぷらのほかに、ひじきと油揚げの煮つけ、きんぴらごぼう、からし豆腐、こんにゃくの白和え、おひたし、切干し大根の煮つけ、野菜の煮もの、大きな麩が入った吸い物などが、一人ひとりの膳や取り回しの大皿料理として用意された。さらに鱒のゆでたものが一本丸ごと出され、出席者全員が取り回しながらひと口ずつ食べた。これは仏様に口を吸われないようにするためといわれ、魚くさいものを食べれば俗人は仏様に連れて行かれないというわれがある。葬儀があった家では四九日の忌明けまで精進料理で過ごす。これが過ぎると、「精進明け、精進落とし」といって、ふだんの食事に戻った。

精進落としの膳

②年忌法要（供養）と弔いあげ

一般的な仏教では、四九日のあとは節目となる年ごとに供養を行う。亡くなってから一年目の命日が一周忌で、そのあとは三回忌、七回忌、一三回忌、一七回忌とつづき、三三（または五〇）回忌で弔いあげとなる。それぞれの死者の祥月命日（月命日）に僧侶を招き、近親者や近隣の人たち、ゆかりのある人が集まってお経をあげ、そのあと宴席を設けて故人をしのんだ。

コラム 5

公民館結婚式はじまる
――婦人会の生活改善活動から

昭和三十三（一九五八）年、私は婦人会の貸衣装を借りて、西宮の公民館で婦人会や公民館の役員さんに進行していただいて公民館結婚式を挙げました。この結婚式は「見立て式」と呼ばれ、婿殿の関係者は出席せずに、嫁方だけで近所の人たちに祝っていただきました。そのあと早々と婿殿の待っている嫁ぎ先の結婚式場（先方の公民館）に急ぎ、一見の親族や大勢の友人が集まる本番の結婚式に臨みました。

戦前の結婚式は家ごとにとり行っていたため、二間つづきの座敷を片づけて会場の用意をしたり、お客さん一人ひとりの祝膳を近所から大勢集まってもらって用意したりと、大変な手間と人力が必要でした。そのため、自宅を使わない簡素化された公民館結婚式はまたたく間に地域に普及しました。

ところで、お嫁さんがお婿さんの家に入る時、雄蝶と雌蝶役を務める近所の男女二人の子どもに束ねたわらでお尻をたたいてもらい、そのわらを屋根に投げてから入りました。ところによっては、お嫁さんは勝手口から迎え入れられたそうです。

（祢津　川上貞子）

おすそ分け

私の小学校時代は戦後の食べものに不自由する時代で、家に帰っての楽しみはおにぎりでした。なかでも焼きおにぎりは最高でした。

当時、子どもたちは家の近くで、季節ごとに実をつけるいしらんべ（ゆすらうめ）やぐみ、さくらんぼ、柿などがどこの家にあるかを承知していて、遊びに行きながらその実をいただいたものでした。また、ご近所の家同士でも、おはぎやおまんじゅう、お赤飯、煮豆などをたくさんつくってはおすそ分けし合って、お互いの家の味を楽しみながら交流ができました。

ところが最近では、田舎でも「隣は何をする人ぞ」の時代になっています。そんな時代でもわが家では、ふっくらとおいしく煮た花豆や栗おこわ、ジャムなどをご近所からいただくことがあり、お返しとしていちじくやプルーンの甘露煮、干し柿などを届けています。

今ではスーパーなどですべてがそろう時代。でも、わが家でつくったものをご近所同士でおすそ分けする。このような田舎の文化や交流についても、食文化の継承とあわせて大切にしていきたいものです。

（滋野　関すみれ）

第六章

暮らしと食の道具

高度経済成長を迎えた昭和三十年代は、日本の農業が大きく変わるとともに、日本人の生活様式や食生活も急激に変化した時代だった。

この時代になってようやく上水道が普及するとともに、台所の改善もすすみ、炊事は立ち仕事になった。また、石油やプロパンガスが普及し、電気炊飯器などの電気機器も次々に登場し、炊事にかける時間と労力が飛躍的に短縮された。それまで毎日の食事づくりを担ってきた女性たちにとっては、こうした水と火の使い勝手がよい台所は長い間の悲願であった。

戦後からこの時期にかけては、食事の風景も銘々に箱膳を用意する江戸時代につづくスタイルから、家族でちゃぶ台を囲んで食事をするように変化し、さらにテーブルに座って食べるようになった。

当時は、フライパン運動のような食生活改善や台所改善によって、従来の調理器具も変化したが、昔から大切に使われてきた道具類は今でも受け継がれているものは多い。

茅葺き屋根の家

1 炊事施設

①煮炊きする設備

当時の茅葺屋根の農家住宅は、入口を入ると広い土間があり、それにつづいていろりのある板張りのお勝手と味噌部屋があった。広い土間にはかまどや水甕《みずがめ》、流し台がある家もあり、臼があってもちつきもした。農産物の一時置き場になったり、野菜などの貯蔵穴もあった。土間に接して馬屋やすえ置きの風呂桶がある家が多かった。また、お勝手の部屋には煮炊きをするいろりがあり、かまどやへっついもすえられていた。家によってはいろりは茶の間にあった。

かまどは焚口が二ヶ所あり、片方に羽釜をかけて飯を炊き、もう一方は鍋で汁物をつくることのできる便利なものであった。その後、昭和二十（一九四五）年代半ばになると、かまどの改善がすすめられ、さまざまな改良かまどや銅壺《どうこ》などが普及した。しかし、燃料の薪の確保や火の始末は女衆の仕事に変わりはなく、それらは重労働であった。

昭和三十（一九五五）年代には、石油コンロやプロパンガスが使えるようになり、とくに、電気（ガス）炊飯器の普及は、かまどの火の前から女性たちを解放してくれた革命ともいえる出来事であった。その後は冷蔵庫など次々に電気製品が発売され、便利さを求めて競って買いそろえた時代であった。

台所はかまどに代えてガスコンロ台や調理台、流し台を並べて、立ったままで調理ができるように使いやすく改善された。昭和三十年代後半になると、こうした台所の改善や家屋の新築が急速にすすみ、生活様式が大きく変化することになり、古代からつづいてきた「いろり」が姿を消すことになった。東部町においても女性グループがこうした台所改善

かまど

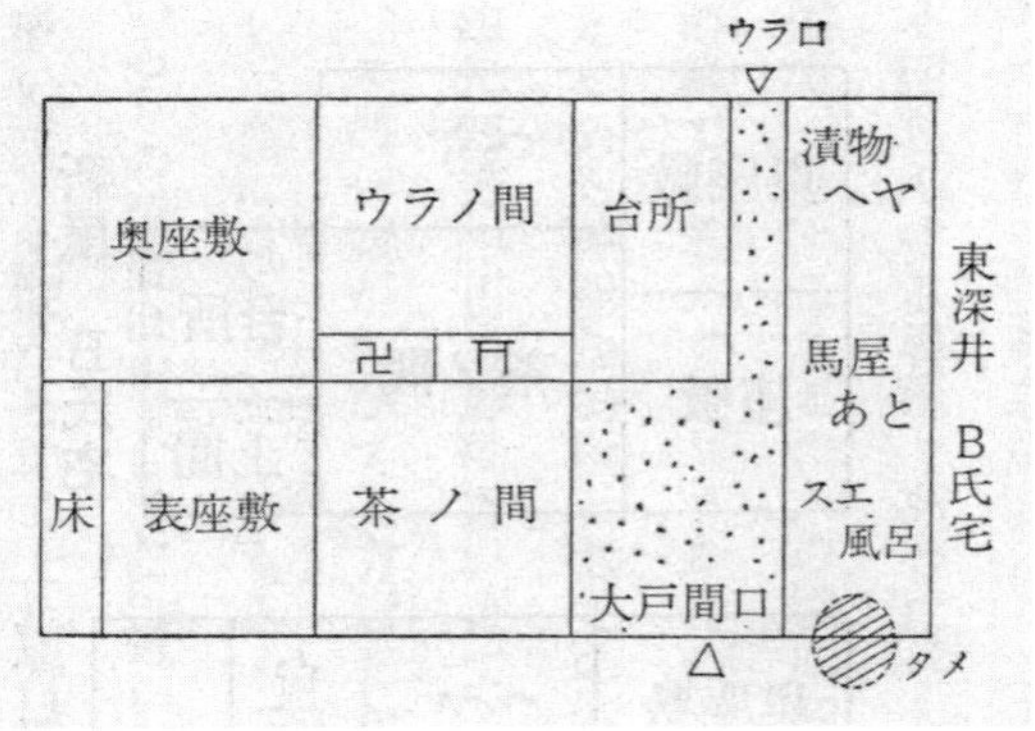

間取りの例（東部町誌民俗編より）

に積極的に取り組んだ。

②水回り

明治半ばに掘り井戸（つるべ井戸）がつくられるようになる以前は、飲み水は湧き水や川の水を水がめに運んで使っていたが、この町で上水道が引かれたのはかなり早かった。

滋野地区大石原では大正十二（一九二三）年に三〇戸が共同の簡易水道を引き、原口では大正九（一九二〇）年に一一戸が、そして昭和五（一九三〇）年には区内全戸で簡易水道を利用できるようになった。

井戸

祢津地区では、昭和十（一九三五）年に工事費三万三〇〇〇円をかけて水道工事を行ったという記念プレートが残っているが、昭和二十八（一九五三）年に赤痢が大流行し、それを契機にさらに水道の敷設に拍車がかかった。

和地区では昭和二十五（一九五〇）年に農協の婦人部員たちがお勝手改善貯金をはじめたが、二〜三年目にはその名称が水道貯金に変わっている。こうした貯金運動の高まりによって一戸あたりの貯金額は一六、〇〇〇円ほどになり、各戸の水道敷設負担金の半分をまかなうまでになり、工事を早める推進力になった。

昭和三十五（一九六〇）年ごろの簡易水道の敷設工事はすべて人力によるもので、地元では一戸あたり二〇〜二五日の労力を供出し、まさに住民総参加によるむらづくりであった。

その後、昭和四十（一九六五）年代にかけて、これらの簡易水道や地区水道は順次町営水道に合併され、さらに完備されていった。

北御牧地区でも昭和三十六（一九六一）から四十三（一九六八）年にかけて全村で上水道工事が行われた。

蛇口をひねればすぐに水が出る生活は女性たちの長年の悲願であったが、その反面、炊事や洗濯などによって大量に流される生活雑排水は川を汚し、環境問題を引き起こすことにもなった。

2 食事の景色

①ふだんの食事

いろりが暮らしの中心だったころは、それを取り囲んで箱膳を並べ、家族全員が一緒に食事をしていた。家族は三世代同居がほとんどであり、奥の上座から当主の祖父や父親が座り、かまどや水場に近い席には母親が座り、食事の盛りつけをしていた。

箱膳は一人ひとりが自分専用のものをもち、子どもは責任ある仕事ができる七歳くらいになると自分のものがもらえた。ふだんは戸棚に収納しておき、その出し入れは子どもたちの仕事であった。箱の中には飯茶碗や汁椀、お手塩《てしょ》皿、箸、布巾が入れてあり、使うときには箱のふたを裏返してその上に食器を並べた。

ごはんや汁物、おかずはそれぞれに盛り分け、漬物は取り回した。食べ終わると、飯茶碗と汁椀に湯を注ぎ、一切れの漬物でおねばを落としてきれいにし、その湯を飲み干してから布巾でふいて収納した。

箱膳は、やがて台所改善がすすむと家族が一堂に向かい合って座る「ちゃぶ台」にとって変わった。ちゃぶ台は当時、暮らしの民主化のシンボルのように思われ、子どもにとってもちゃぶ台に変わることが待ちどうしかった。その後、生活様式全体が近代化されるにしたがって、昭和三十年（一九五五）代半ばころからイス式のダイニングテーブルが普及した。

箱膳

ちゃぶ台

こうした生活様式の変化にともなって、食事中に話を禁じたしつけも一変し、テーブルを囲んで話をしながら楽しく食事をすることが理想的な家庭風景とされるようになった。昔から食事は家族全員がそろうことを第一にしてきたが、この慣習も一変し、やがて孤食（個食）による家族崩壊が問題になる時代がやってきた。

②改まった時の食事

昭和三十年代ごろまでは結婚式や葬式、法事、出産祝い（見

舞い）、節句の祝いなどの客呼びは、ほとんど自宅で行った。

これらのもてなし料理は家々や季節により多少の違いはあるが、おおよそ決まっていた。客数の多い時には、親戚や隣組《ぐるわ》の女衆が野菜などを持ち寄って手伝い、たくさんのごちそうをつくった。こうした場を通じて皆の仲間意識が育ち、料理が伝承することにもつながった。

また、村の寄合いや鎮守の祭り、道普請などの共同作業などが終わった際には宴席を設けることが多かった。仲間同士の無尽講や十九夜様などの月待講、共有する山の講などの際には、仲間で当番を決めて料理を用意したり、それぞれが持ち寄って楽しんだ。

冠婚葬祭時に使う共同膳

こうした宴会などに使う膳や碗、椀、皿、徳利、盃などの食器類のほか、座布団も、常会や親戚、隣近所などで共用のものを用意しており、必要時には互いに貸し借りした。

昭和三十（一九五五）年代になって新生活運動（冠婚葬祭などを簡素化する生活改善運動）が広がって、結婚式や葬式を公民館やお寺で行うようになり、自宅にたくさんの客呼びをすることも減った。公民館での宴会は長テーブルに料理を並べる方法だったが、自宅で行う場合にもそれを使用した。そのため従来使っていた膳や椀などの食器類は使われることがなくなったが、今でも大事に保管されているところが多い。

3　調理器具、道具

①鍋・釜・フライパン

いろりで煮炊きをしていたころは、鉄瓶やつる鍋、ほうろくが主な調理道具で、いろりや台所にすえてあるかまどで羽釜を使ってごはんを炊き、真んなかのほどで鍋を使って汁物や煮物をつくった。昔は重い鉄瓶や鉄鍋であったが、昭和三十（一九五五）年代には軽いアルミ製が多くなり、扱いも楽になった。

それまでの調理法は「焼く、煮る、ゆでる、和える」が主流であったが、フライパンの出現により、油を使って「揚げる、炒める」調理法の洋風料理が多くなり、栄養価が高く、食卓をはなやかにしてくれる料理が増えて大人も子どもも大いに喜んだ。

②そのほかの道具類

せいろう　湯釜の上にのせて赤飯（こわ飯）やもち用のもち米などを蒸した。二段式の蒸し器が登場してからは、めっきり出番が減った。

こね鉢（ひらじ）・のし板・のし棒　うどんやそばを打つ木製の道具一式。こね鉢は次第にアルミ製が多くなった。

すり鉢・すりこぎ　味噌をすり、和え衣をつくる道具のすり鉢は毎日使った。山椒の木のすりこぎは香りがよく、桐の木のものは小石や砂粒が木肌に食い込んで取り除けるといわれた。

枡　穀物などを量るのに、一斗、一升、五合、一合など何種類かの木の枡を大事に使った。

ざる・かご・とうじかご・あげすいのう　竹で編んだ大小のざるやかごは、野菜の収穫や洗った後の水切りに使ったが用途によって形が違う。とうじかごはうどんやそばを煮汁の中で温めるための専用のかごで、あげすいのうはうどんやそばなどの湯切りに使った。竹製のものはプラスチックや金属製のものが出てくると徐々に姿を消した。

重箱　蒔絵のある豪華な漆塗りのものはやわらかな絹布で手入れをして大切に使い、次代に引き継がれていた。

棒秤　使う用途によって大中小があり、使いこなすのにコツが要った。

枡（一合と一升）

ざる

4　加工・保存の設備と道具

①味噌部屋

ほとんどの農家の味噌部屋は土間や台所の奥にあり、温度や湿度を一定に保つように床はたたき（三和土）で窓が小さく、大事な味噌樽や漬物樽が保管されていた。

味噌部屋には、その家独自の菌（こうじ菌）が住んでいるといわれ、「手前味噌」の言葉にも通じる。味噌は春に仕込みを

して夏に発酵・熟成させ、一年置いて香りのいい新味噌を食べるのが一般的であるが、「三年味噌」は塩がこなれてうまいと珍重する人もおり、味噌部屋には何本もの樽が並んでいた。

②樽・桶・瓶（甕《かめ》）

味噌や野沢菜漬け、たくあん漬けなどは木製の四斗樽を使ったが、家族の多い家では五斗樽も使われていた。木樽は乾燥すると隙間があくため、使う前には何日も水を張り、使用後は塩気を残して洗うなど大切に扱った。また 底の浅いたらい状の大桶の半切りは、味噌の仕込みなどに重宝した。梅漬けやらっきょう漬け、奈良漬けなどには、つぼ型や寸胴型の瓶が使われた。陶器の瓶は温度の変化を受けにくいだけでなく、酸にも強いため、どの家にも大小いくつもあった。

昭和三十（一九五五）年代以降、プラスチック製の樽やバケツが登場してくると、軽くて扱いやすいために急速に普及し、木製や重い瓶は徐々に姿を消した。

③石臼

ほとんどの農家では自家用に栽培したそばや小麦、大豆をひくための石臼が代々引き継がれており、夜なべ仕事に子どもにも手伝わせて粉をひいた。やがて麦やそばの作つけが減り、また製粉を請け負う施設も増えたことにより、石臼を使う機会は大幅に減った。現在では漬物石として使っている家も多い。子どもにとって石臼の構造はとても不思議なものだった。

こうじ室

大豆つぶし機

④石臼・杵・のし板・のし棒

昔から祝い事や不祝儀にはもちをつくことが多かった。年末には正月用や冬の保存食として一〇臼以上ついた家もあった。昭和四十（一九六五）年代ころまでは、家の外の庭でもち米を蒸した。臼をはさみ、もちをつく男衆と相取りをする

漬物樽

一斗枡

石臼

女衆の息の合った動きは見ていても楽しく、もちつきが待ち遠しかった。

杵の響きは年末の風物詩であったが、電動もちつき器の出現で「ぺったんこ」という音がなくなり、代わりにいつでも食べたいときに簡単にもちをつくることができるようになった。

5 いろり

当時の暮らしはいろりのある茶の間が中心で、そこは煮炊きをしたり、食事やお茶を飲んだりする一家団欒の場でもあった。いろり端は子どもたちの勉強の場となったり、夜なべ仕事に精を出したり、来客をもてなしたりする場にもなった。

いろりの大きさは四尺四方（一二〇cm四方）ほどが多く、家によっては土間に接して薪をくべ（燃やし）やすくした長方形のものもあった。いろりの隅には飯炊き用のかまどがあり、中央にある直径一尺（三〇cm）のくぼみ（ほど）で火を焚き、天井から下げた自在鉤に鉄瓶やつる鍋をかけて煮炊きをした。火箸や十能、握り飯やもちを焼く五徳《ごとく》（渡《わたし》）、火消壺などがそろえてあり、常にきれいに掃除しておくのが女衆の務めだった。

いろりの周囲の座席は、奥側の上座はヨコザと呼ぶ一家の主人（寺の住職）が座る場所と決まっており、向かい側の木尻がある下座は火の番をする嫁さんが、勝手口のかか座はおっかさんが座って食事の盛りつけをした。若衆や来客が座る場所は男座と呼ばれていた。

いろりは薪が燃料であり、屋根裏に向けて立ち上っていく煙は屋根材のカヤに虫が入るのを防ぎ、家全体が燻されて丈夫で長持ちをさせるといわれた。とはいえ煙による目の病気や子どものやけどなどの心配もあり、母親は気が休まることはなかった。

また、一年中使う薪を確保し、火種を絶やさずに管理することは女衆の仕事とされ、大変な苦労であった。昭和三十（一九五五）年代になって、台所改善や家の新築がすすむと一家のくらしの中心にあったいろりは一気に姿を消すことになった。

6 貯蔵施設

農家には自家でつくった食料を一年間食べ回すために、いろいろな貯蔵施設があった。米などの穀類の貯蔵は湿気やネズミの害を防ぐために、米俵やカマスに入れて土蔵や穀櫃《こくびつ》で保管した。土蔵の重い扉の足元にはネズミ返しと呼ばれる板を置き、ネズミの侵入を防いだ。

穀櫃は土蔵や納屋の中を木で囲って仕切り、約半間（九〇㎝）ほどの四角形の貯蔵空間を二、三ヶ所つくった。その前面

いろり

穀櫃

もろ

わらでっぽう

機織り機（高機）

真綿づくり

には高さ二〇cmほどの幅板を床から天井まで八段ほどはめ込み、重い米の出し入れが楽にできるとともに、ネズミが入らないように工夫されていた。

　野菜は寒さの厳しい冬に凍らせないように、もろと呼ばれる穴に入れて保存した。外もろは屋敷まわりにあるせんざい畑の日当たりのよい場所に穴を掘ってつくられ、大根など根菜類を並べたあとで、束ねたわらを立てて回りに土をかけただけのものや、穴の上に屋根をかけてまわりを囲ったものもあった。一方、内もろは家の入口を入った土間の隅や上がり框の下に穴を掘って、まわりをコンクリートで囲み、白菜やねぎ、とくに凍みに弱いいも類などを保存し、木の板でふたをした。

7 男衆の冬仕事

　昭和三十年代ごろまでの農家は、稲わらは肥料だけでなく、農業や生活に必要な道具の材料としても使った。米俵や叺《かます》、筵《むしろ》、荒縄、蚕巣《こす》、わら草履や草鞋《わらじ》、箕《みの》などを編み、わら布団にも加工した。

　また、竹製のざるやかご、とうじかごなどの小物は自分でつくり、修理も自ら行った。これらは主に男衆の冬仕事や夜なべ仕事で、共同の作業小屋に集まり、皆で作業をしていた地域もあった。しかし、農業や生活の近代化により、こうした道具は

不要となり、その製造技術も継承されなくなった。

現在伝承されているわら工芸は、十一月十日の十日夜《とうかんや》のわらでっぽうや二月八日（初午）の道祖神参りのわら馬、お正月のしめ縄などがあるが、それも一部地区だけである。

8　女衆の冬仕事

秋の収穫作業が一段落して冬になると、女衆は家中の衣類の仕立てや繕いもの、布団の手入れなどを行った。昭和三十（一九五五）年代半ばごろまでの農作業着は、男衆はシャツとズボン、地下足袋に脚絆姿が多かった。女衆は筒袖の短い丈の着物（ジバン）にモンペ姿だった、藍色の縞や絣柄の木綿のジバンは保温性があり、防寒用として男女ともに着用していた。そのころの農家の庭先では、伸子張りをして引っ張った反物や張り板にはりつけた綿布を干す光景がよく見られた。

養蚕農家はくずまゆを煮て紡いで高機《たかはた》で上田縞や紬（内織）を織った。年ごろの娘がいる家では着物に仕立て、嫁入り支度をした。また、びしょまゆで真綿を引いて布団や半てんに使ったり、使い古した木綿布で裂き織り（ぼろ織り）をしてこたつの上掛けや敷物などをつくった。

この時代は古いものにも手をかけて使いまわしをすることが当たり前の時代で、女衆は長い冬も決して手を休めなかった。

コラム 6

山羊のいる暮らし

ピョンピョンと子山羊たちが元気よく飛びはねている。楽しそうだ。産まれてから一週間、母山羊の乳をよく飲み、順調に育っている証拠だ。わが家に二頭の雌山羊が来てから五年目を迎えた。産まれてから数ヶ月だった子山羊も、今や出産四腹目となる立派な山羊に成長した。

そういえば、私の子どものころも山羊を飼っていた。昔はどの家でも馬や牛、鶏や山羊などの家畜を飼っており、餌となる草の刈り取りは子どもたちの仕事だった。学校から帰ると鎌を持って田んぼの土手に草刈りに行くのが日課であった。そのため道端の草や田の土手草などはきれいに刈り取られていて、いつもきれいだった。

山羊の種つけの話も面白い。種つけのために隣の集落の雄山羊のところに連れて行くのであるが、発情している雌山羊は、歩きながら尻尾を立てて振り、いつもとは異なる鳴き方をする。ふだんは雄山羊を近づけないが、その時ばかりは待っていましたとばかりに受け入れる。不思議なものだ。

種つけから一五〇日で出産を迎える。今年は四月二十二日に産まれた。山羊乳は牛乳と比べてクセがあって飲みにくいといわれるが、牛乳よりもおいしいと私は感じている。飲むほかにヨーグルトやカッテージチーズにしていただくが、半年ぶりに飲める乳はこのうえなくおいしい。

（滋野　唐沢茂幸）

養蚕の思い出

戦前戦後の農家の現金収入は養蚕に大きく頼っていました。そのため、春蚕から晩秋蚕まで、茶の間も座敷もお蚕様でいっぱいになりました。母屋のほかに養蚕用の別棟をもつ家も多くありました。

養蚕で忙しいなかでも、上ぞく（成熟した蚕をまぶしに移す作業）の一週間から一〇日ほど前だったと思いますが、お蚕様が桑の葉を食べるのをやめて休眠をはじめると皆で一息ついたものです。その時はおまんじゅうや混ぜごはんなど、いつもよりおいしい手の込んだ料理を母がつくってくれました。

養蚕が終わると秋から冬にかけては、ゆでた玉まゆやびしょまゆ（汚れたまゆ）から真綿をたくさんつくりました。真綿は綿入れ半てんやどてら、布団づくりには欠かすことができないもので、その全部が自家生産でした。その際に出たさなぎはフライパンで炒って塩味にして食べましたが、卵に匹敵するほどの栄養があるとされ、とても珍重されました。

昭和二十六（一九五一）年に姉が嫁いだ時には、嫁入り支度の着物から布団まですべて縞や格子模様でしたが、それらは染色から機織りまで母が家で自ら行ったものでした。当時はどの家のお母さんも、着るものや履くものはすべて夜なべ仕事で手づくりしていましたが、ものがない時代とはいえ、心はほんわかと明るい時代でした。

（和　黒柳富子）

第七章

伝えられてきた食の知恵

東御市は豊かな自然・風土に恵まれ、先人たちはその恩恵を受けながら長い月日をかけて個性あふれるこの地ならではの暮らしと生業を築いてきた。

昭和三十〜四十（一九五五〜一九六五）年代は、日本社会が敗戦後の厳しい時代をくぐり抜けて、新たな価値観で社会を築いていこうと走り出した時期にあたり、農業を生業として自然と共生しながら自給自足を基本に暮らしを営んだ最後の時代であった。その自給自足の一つに、体の不調や病気を自ら防いだり治したりする「民間療法」の知恵がある。今では簡単に薬が手に入るが、もう一度身のまわりの植物を経験的に暮らしに活かしてきた先人たちの知恵にふれてみたい。

こうした知恵を引き継いでいくために、先人たちはたくさんの食べものの知恵をことわざやいい伝えにして、何度も子どもたちに言い聞かせながら身につけさせてきた。それらの知恵は単に健康や栄養に関わるものだけでなく、人間の生き方に関わるものまでであることに気がつく。こうしたたくさんのことわざや言い伝えを拾い上げて、次代につなげていきたい。

山菜のいろいろ

1 病気予防と食療法

東御市には暮らしに役立つ植物が豊富にあり、古くからそれらを日々の健康管理や病気予防、けがの治療などに活かす知恵が伝えられてきた。昭和三十～四十（一九五五～一九六五）年代まで引き継がれてきていたそれらの知恵の数々は、最近また見直されてきている。

「風邪にどうさん湯や卵酒」

風邪の引きはじめの時には「どうさん湯」または「卵酒」を寝がけに飲んで、暖かくして寝て汗をたくさんかくと、翌朝には風邪のけ（気）が吹き飛んでしまう。

【どうさん湯のつくり方】 生ねぎをきざみ、味噌とかつお節を合わせ、そこへ熱湯をさして飲むのが基本。ほかにもにんにく、大根おろし、梅の黒焼き、しょうがおろし、みかんの皮や汁などを入れるといい。

【卵酒のつくり方】 酒を鍋に入れて火にかけ、アルコール分をとばす。そこに溶き卵（または黄身だけ）を加える。

「のどが痛む時にはねぎ」

ねぎの根に近い白い部分を一五cmほどの長さに切って、火でさっとあぶって布で包み、のどに根の部分があたるようにして首に巻く。

「せきにはかりんや地なし」

せきの時にはかりん漬けの汁を飲むか、干したかりんの芯を煎じて飲む。地なしを薄く切って砂糖漬けにして、その汁を飲むと喘息によく効く。

「胃痛にはげんのしょうこやせんぶり」

げんのしょうこは夏の土用にとり、日陰干しにして煎じて飲む。自生するせんぶりは、花が咲いた時にとって日陰干しにしておき、煎じて飲む。

「下痢にげんのしょうこ」

胃痛の場合と同じく、げんのしょうこを日陰干しして煎じて飲む。

「便秘に野ばらの赤い実やどくだみ」

便秘の際には野ばらの赤い実を食べる。どくだみを花の咲くころにとり、日陰干しにして煎じて飲む。

「できものやニキビにどくだみ」

どくだみをふきの葉に包んで、蒸し焼きにして患部につける。

「漆かぶれに千人草やゆきのしたの生葉」

葉をよくもんで手首につける。

「切り傷にもち草（よもぎ）」

葉をもんでしぼり汁を患部に塗りつける。

山野草と薬効、用い方

植物名	薬効	用い方
うめ	風邪、疲労回復、健康保持	梅干し、梅酒
あけび	腎臓炎・尿道炎・膀胱炎などによるむくみ、おでき	つるの皮を取り除き、輪切りにして干して煎じて飲む
あんず	咳止め、疲労回復	あんず酒にする、種子（杏仁）を日干しにし、煎じて飲む
ぎんなん	咳止め	炒って皮をむき、そのまま食べる
ぎょうじゃにんにく	滋養強壮	おひたし、油いため、天ぷら、和え物にする
くさぼけ（地なし）	夜眠れない時、食欲のない時	果実酒にする
くわ（めぞ）	高血圧の予防、疲労回復、便秘、強壮、やけど	くわ酒にする、若葉を刻みお茶代わり、秋葉を干し粉末にしてごま油で練って塗布する
すぎな	咳止め、解熱、利尿	日干しして煎じる
たらの木	糖尿病	幹皮を刻んで日干しにして煎じる
たんぽぽ	健胃、胃痛、消化促進	根を刻んで日干しにして煎じる
なずな	目の充血	乾燥したなずなを煎じて、ガーゼでこして脱脂綿に含ませて洗眼する
はこべ	歯ぐきの出血、歯槽膿漏の予防、歯痛	青汁をとり、食塩を加えてはこべ塩をつくり、歯をみがく、葉を患部にはる
ふきのとう	咳止め	乾燥して煎じる
わらび	利尿、はれものに	乾燥した根茎と葉を細かく刻んで煎じる
いたどり	便秘、蕁麻疹	茎を日干しにして煎じる
おおばこ	咳止め、むくみの時の利尿、はれもの	全草や種子を乾燥して煎じる
どくだみ	化膿性のはれもの、利尿、便通、高血圧予防	生の葉を患部に当てる、乾燥して煎じる
げんのしょうこ	下痢、便秘、整腸、高血圧予防、冷え性	陰干しして煎じる、よもぎと一緒に袋に入れて風呂に入れる
もち草（よもぎ）	喘息、健胃、貧血、下痢、腰痛、腹痛、痔	根を清酒に漬けて半年後 20cc/3 回飲む（喘息）、よもぎ風呂で（痛み）、よもぎ 5 ～ 8g 煎じる
ゆきのした	中耳炎、小児のひきつけ、はれもの、むくみ、痔	もみ汁を数滴（耳孔に、口に含ませる－ひきつけ）、葉を火にかざしやわらかくして貼る、煎じる
のかんぞう	解熱、利尿、はれもの	つぼみ 1 回量 5 ～ 10g/ 水 400cc 煎じて（解熱）、根を 1 回量 5 ～ 10g/ 水 400cc 煎じる（利尿）

「酒に酔ったときは柿」

柿を食べると酔いが早く冷める。

「腰痛には干した大根葉（干葉）」

大根の干葉を風呂に入れて入浴すると腰痛に効く。

「子どものひきつけにゆきのした」

葉のしぼり汁を飲ませる。

「やけどにすり下ろしたじゃがいも」

すり下ろしたじゃがいもを患部に張りつけ、乾いたら交換すると消炎効果があり、軽いやけどに効く。

「打ち身やねんざに大根のおろし汁」

冷湿布で腫れと痛みが引いてきたら、大根のおろし汁としょうがのしぼり汁を混ぜて湿布する。その上から蒸タオルを当てて冷めたら交換すると回復が早まる。

「食欲不振や胃弱などで衰弱している時の強壮に薬用人参」

薬用人参を煎じるか、焼酎漬けにして飲む。

「滋養食」

妊婦や幼児には滋養のある食べものとして鯉こくが一番である。かつお節や鶏卵の雑炊やおじや、いなごなどもいい。そばがきは病人食に最適で、くず湯を飲むのもよい。

「家庭の常備薬としてうまぶどう（野ぶどう）」

日当たりのよい土手や山林内の湿地でよく見られるつる性のうまぶどうは、古くから身近な薬草として利用されてきた。肝臓病や胃弱、不整脈、リウマチ、神経痛、疲労、高血圧、糖尿病、肩こり、腰痛、虫刺されなど、さまざまな症状に効果があるといわれ、利用する人が多くなっている。

［うまぶどうの焼酎漬けのつくり方］ 実は生のままで洗って水きりをする。葉やつる、根を混ぜる場合は生でも干したものでもよいが、それぞれを五cmほどの長さに切る。実やつる、根を合わせて瓶に入れて焼酎を注ぎ込む。冷暗所に半年ほど置く。一年以上過ぎるととくに効果が増すといわれる。

2 食べものの知恵とことわざ

両親や祖父母たちは子どもが言いつけを守らなかったり、行儀が悪かったりした際には、「いい子にしていないと親が笑われる」、「お行儀が悪いとお嫁にいけないぞ」などと言いながら、子どもをなだめすかしていた。その際に「昔はなあ、……といったものさ」と、いろいろなことをことわざで教えてくれた。すると、子どもは親を悲しませないよう、いい子になろうと頑張ったものである。今でも、そうして教えてもらったことわざは祖父母や両親の姿とともに脳裏から離れることはない。

①食べものへの感謝と行儀

「食べものを粗末にするとバチが当たる」

「ごはん粒をこぼしたら拾って食べろ」

「米は八八回の手間がかかる高価なもの。大事においしくいただけ」

米がとても貴重な時代であり、一粒でも無駄にしてはならなかった。したがって茶碗にごはん粒を残したり、こぼしたりするとよくこのようにいわれたものである。農家が手間をかけ、丹精込めてつくってくれるお米への感謝の気持ちを忘れないように繰り返し諭された。

「食事の時はいただきます、ごちそうさまのあいさつを欠かさずに」

「物を食べる時には座って食べろ」

「股を開いて食べると、股の間に身上《しんしょう》をなくす」

「口に入れたらしゃべるな」

食事中やその前後のマナーについては、ふだんから厳しく注意された。まずは食前食後に、自然やつくり手への感謝の気持ちを表わすあいさつを必ず行うこと。また、座って正しい姿勢で食べることや食べながら話をしないこともよく注意された。今、食べながら歩く若者の姿をお年寄りはどう思うだろうか。

「寝て食べると牛になる」

「食事中にお茶碗をたたくと餓鬼《がき》が出てくる」

「ごはんに箸を立てるな（死人の飯）」

「嫌い箸、渡し箸、迷い箸、刺し箸、指し箸、寄せ箸、ねぶり箸、もぎ箸はやってはいけない」

「犬食い・へび食い・手盆はみっともないからやめろ」

これらも食事中のマナーについて語られたことわざで、子どもたちがやりそうな行動をいさめたものである。とりわけ箸の使い方については禁じ事項が多かった。

「ご飯をおかわりする時は、ひと口残しておけ」

ごはんを残すことで食事がまだ終わっていないことを表し、おかわりが欲しいという合図にもなるといわれる。

「飯だと聞いたら火事より急げ」

食事は毎日の暮らしの区切りとして大変重要であり、とりわけ家族がそろって食べること（共食すること）をとても大事にしてきた。孤食（個食）が広がる現代に、その意味をよく考えてみたいことわざである。

「初物を食べると七五日長生きする」

「初物を食べる時は東を向いてお礼を言い、仏壇に上げてからみんなで食べろ」

旬の食べものはその季節に体が求める栄養素を豊富に含んでいるといわれる。また、初物を食べるときにはそうした自然の恵みや先祖に感謝して食べるように説いている。

「腹八分目に医者いらず」

食べ過ぎをいさめたことわざであるが、今でも健康の基本的な秘訣として引き継がれている。

「空き腹にまずいものなし」

腹が空いている時はどんなものでもおいしく食べられるということを意味するが、好き嫌いのある子どもに対して言う。

「赤飯に汁をかけて食べるとケガをする」

「子どもがみょうがを食べると物忘れをする」

根拠のない迷信的なことわざではあるが、昔からよくいわれてきた。

②健康・栄養に関することわざ・言い伝え

味噌や納豆などの大豆の発酵食品や梅などの健康食品に関することわざや言い伝えが多く、買い薬がまだ普及していない時代に、経験的に伝えられてきたものである。

「味噌」

・味噌汁一杯三里の力

味噌汁一杯飲めば三里歩いても疲れない。

・イライラした時はワカメの味噌汁

・生味噌は命のもと（不老長寿の薬）

・味噌汁を飲むとガンにならない

・味噌は頭の血のめぐりをよくする

・味噌づくりを失敗すると凶事が起きる

毎日味噌汁を飲んでいたら体は丈夫で長生きできるといわれ、どの家でも味噌づくりは女衆が真剣に取り組む重要な仕事であった。

「納豆」

・納豆は夏負け予防の妙薬

血管を丈夫にしたり、整腸作用があって老化を防いだりする。ねぎたっぷりの納豆は風邪の引きはじめに効くほか、酒を飲む時に納豆食べると悪酔いしないともいわれる。その整腸作用から、口角炎（カラスのお灸）の時には納豆を食べるとよいといわれる。

「梅」

・梅は気を穏やかにして元気づけ

梅は百薬の毒を消してくれる。

・梅はその日の難逃れ

梅は命を守る効果が大きく、梅干しは疫病を避ける効果があり、呼吸を整えたり、頭痛を治したりする効果をもつ。梅酢はさまざまな病いに効果があるともいわれる。

「お茶」

・朝茶は一里戻っても飲め

・腹八分目にお茶一杯

昔から健康によいお茶を毎日飲むことを勧めている。お茶は毒消しになる（カテキンが解毒を作用をもつ）ほか、口の中をさわやかにする（殺菌作用がある）、虫歯を予防する（茶葉がフッ素を含有する）、生活習慣病を予防する（抗酸化作用をもつ）、風邪を予防する（ビタミンCを含有する）などの効果があるとされる。

「そのほか」

そのほかにも食べものに関する次のようなことわざが伝えられている。

・鯉は焼いては食わぬ（鯉料理は鯉こくやあらい、揚げ物が一般的である）
・大根おろしに医者要らず
・ねぎが好きな人は頭がいい
・ひじき料理は長寿のおかず、心も鎮める
・冬至にかぼちゃを食べると風邪をひかない
・いわしは海の薬用人参、滋養がある
・こんにゃくは腹の砂を払う
・柿が赤くなると医者が青くなる
・食べものは四里四方のものを食べ、十里四方の種を播け

コラム 7

懐かしい昔の食卓

私が子どものころは一日三度の食事は家族十人全員が一緒に食卓を囲み、大変にぎやかでした。肉や魚はめったに食べられなかったけれど、自家産のお米や味噌、野菜、小麦粉などを豊富に使い、腹一杯食べて元気で過ごすことができました。

ごちそうといえば、お正月はぶりや鮭、カズノコ、春と秋のお祭りには鯉料理、七夕とお盆にはおまんじゅう、お盆やお彼岸には天ぷら、秋にはさんま、冬はもちやみかん、干し柿などでした。その季節感あふれる食卓がなつかしく思い出されます。

それに比べて、現代の食生活は季節感がまったくなく、あれもいい、これもいいというマスコミ情報に流され、たくさんの食品を食し、さらにいろいろなサプリメントなるものを体に取り込んでいるのが現状です。本当にこれが健康な食生活なのかなと考えさせられます。

私は今、自家菜園でとれた野菜を味わいながら、百歳までをモットーに頑張っています。

（滋野　寺島初子）

わが牛飼い人生

父が一四人の仲間とともに御牧原台地に入植し、山の開墾をはじめたのは、昭和二十三（一九四八）年のことでした。私には兄弟が六人いましたが、この八人の大家族が食べていくのは大変で、米がとれるまでは配給米（一〇kg約七五〇円）で命をつないでいました。家族はいつも空腹で、野良にあるものは何でも食べたものです。長男の私は中学を卒業すると同時に百姓になり、開墾に明け暮れる毎日でした。そして昭和三十五（一九六〇）年の竣工検査を前にようやくすべての開墾が終わりました。

そんな時、ある講習会で乳牛二頭も飼えば子ども二人を大学まで出せると聞き、いろいろ考えたすえ、豊かな生活のために当時飼っていた赤牛を乳牛に切り替えて酪農に取り組むことにしました。ところが、購入した牛があまりにも体格が小さく、仲間に笑われる始末。それでも何とか育ち、だいぶ遅れて子牛を産み、乳が搾れるようになるまでに五年かかりました。当初は結核ブルセラの検査と注射を受けるために大日向まで牛を引き連れて行きました。それはとても大変でしたが、頭数が増えると獣医が集落まで出向いてくれるようになり、助かったものです。昭和三十四（一九五九）年には台風七号に見舞われ、この地も大きな被害を受け、牛も神経質になって乳を搾らせなかったり、乳量が減ったりしました。

その後、国の事業で仲間と機械化を図り、昭和四十六（一九七一）年には上田の西小学校の建て替えでいらなくなった古校舎をもってきて牛舎にしました。サイロなどの増設も行い、通年サイレージ方式にして、とうもろこしの作つけも行いました。

こうした酪農のおかげで子どもたちも大学に進学させることができました。このようにして酪農を六〇年間つづけてきましたが、後継者もなく、高齢のために涙を飲んで愛する牛を手放すことにしました。かつて旧北御牧村では二〇〇戸もの牛飼いがいましたが、五〇年がたって現在は二戸だけになってしまいました。

今でも長年牛飼いをやってきた習慣で、朝早く、夜遅い暮らしがつづいています。

（北御牧　酒井利忠）

第八章

生活改善で変わった生活の移り変わり

むらの暮らしは昭和三十年代からの高度経済成長とともに大きく変わっていった。当時人口の多くを占めていた農家の兼業化がすすむことで現金収入が増え、食生活や住宅の改善もすすみ、とりわけ家事に関係する電化製品の普及は、女性の家事労働を軽減し、生活全般を豊かにした。

その結果、家事の負担が減った女性たちは地域に眼を向ける余裕ができ、行政や公民館、青年団などと話し合いを持ち、連携しながら冠婚葬祭の簡素化など生活改善をすすめる活動の先頭に立って活躍した。

こうした活動のなかで女性団体同士の連携がすすみ、その活動は健康づくりや特産品開発、加工所の設置、学校給食への食材供給などに広がり、大きく発展していった。この新しい時代づくりを担った東御市の女性たちの活動の軌跡を、時代ごとにたどってみたい。

おやきづくり

1 昭和二十年代の暮らしと女性

①薪を燃料にした暮らし

昭和二十年代の燃料源の中心は薪や炭であった。煮炊きなどに使う一年分の薪は、冬の農閑期に山から間伐材を運んで薪小屋（どの家にもあった）に積んで置き、割って使った。

いろり（囲炉裏）は煮炊きをしたり、暖をとったり、夜なべ仕事したりする場であり、家族の団らんや近所の人との社交の場として大切なものだった。いろりでは鉄瓶などを置く五徳《ごとく》をはじめ、もちや魚などを焼く渡《わたし》、消し壺、火箸、かき出し、十能、火吹き竹、火打石、焙烙《ほうろく》などさまざまな道具が置かれていた。しかし、いろりは大正期から次第に使われなくなり、昭和四十（一九六五）年ごろにはまったく使われなくなった。

一方、かまど（竈）は石やレンガで組み、それを粘土で固めてつくったり、粘土にわらや瓦欠けを混ぜて練ってつくった。最初は焚き口一つのものから、二つのもの（二連式）に変わり、煙突もつけられるようになった。その後、セメントづくりで表面にタイルを貼ったものや、湯沸しを兼ねた銅壺《どうこ》が使われはじめた。かまど全部を銅でつくった銅壺は高価なものであった。

銅壺

かまどは土間や勝手の隅に置かれた。

かまどで炊くごはんは、鉄の羽釜が使われた。火加減が難しく、そのコツについては格言で、「最初チョロチョロ、なかパッパ、プープー吹いたら火を引いて、三歩下がってさる眠り、赤子泣いてもふたとるな」といわれた。カニ穴ができた白いごはんのおこげは何よりもおいしかった。しかし、こうした火の番は煙に巻かれたり、薪のトゲが刺さったりと大変で、女性たちにとっては負担が大きかった。しかもススだらけの釜を洗う手は真っ黒になるなど、悲しくなることも少なくなかった。やがて、昭和三十七（一九六二）年ごろからプロパンガスが普及しはじめ、かまどは使われなくなった。

②家事はすべて手作業だった時代

洗濯は洗濯桶で、固形石けんを使って洗濯板にこすって汚れを落とし、竹の物干しざおで乾かした。

風呂はさわら材でできた桶に釜を取りつけ、井戸から水を運び、薪を焚いて沸かしたが、それは大変な労力であった。燃料の薪も貴重だったので、毎日は風呂をたてることはできずに近所同士でもらい風呂をした。

たらいによる洗濯

このように、すべての家事は手作業で行い、女性は農作業のほかに炊事や洗濯、子育てと働き通しだった。「働いても、働いても、生活は楽にならなかった。どうしてあんなに働いても貧乏だったのかねぇ。食べるものもなくて苦労したよ」と九十歳を過ぎた老婆は話す。当時、「女は角のない牛」ともいわれたことを思い出す。

2　昭和三十年代から四十年代の暮らしと女性

①ガスと電気の時代へ

薪や炭を使っていた生活は、昭和三十年代ころからガスや電気による生活へと変わりはじめた。台所はキッチンと称され、ガスや電気の炊飯器が普及し、スイッチ一つでごはんが炊きあがるようになった。それまで毎日火加減に苦労していた女性たちは、この変化にただただ驚き、楽で清潔な生活の到来を心から喜んだ。

やがて電化製品ブームが訪れ、電気洗濯機や電気冷蔵庫、テレビが家電「三種の神器」ともてはやされ、庶民にとっての憧れとなった。それらを得るために家中で必死で働き、昭和四十年代にはどの家にも電化製品がそろうようになった。

さらに電子レンジや冷凍機能を備えた冷蔵庫が販売され、手軽な冷凍食品も普及しはじめた。

②冠婚葬祭の簡素化

結婚は家と家の結びつきといわれ、自宅で二～三日かけて挙式が行われた。そのため、青年団や婦人会は結婚式の改善を強く望んだ。昭和三十二（一九五七）年、こうした要望に応えた初めてのモデル結婚式が行われ、公民館で簡素化した式が挙げられた。それ以降、多くの人たちが簡素化された公民館結婚式を挙げるようになった。

一方、葬式は従来通り家で行われていた。したがって家人は悲しんでいる暇もないほどに準備に追われ、親戚や隣近所が手伝ってそれを支えた。とくに料理は隣近所が材料を持ち寄り、協力しあってつくった。しかし、昭和六十（一八八五）年ごろからは次第に葬儀場で行われるようになり、こうした手伝いはなくなってきた。

冠婚葬祭については昭和四十七（一九七二）年に発足した生活改善委員会が簡素化のルールを定めることになり、その大変さや金銭的な負担は軽減されることになった。

公民館結婚式

3 昭和五十年代以降の暮らしと女性

①農産物加工への道

昭和五十年代になると生活は豊かで文化的になってきたもの

の、農業だけで生計を立てていくには厳しい時代がつづいた。

そこで農家の女性たちは農産物に付加価値をつけて販売し、地域の活性化につなげていくとともに、自分たちの健康と生きがいも求めていこうと熱い思いで奮闘し、四つの農産物加工施設が誕生すると、地域の農産物を使った製品開発に熱心に取り組んできた。その歩みを振り返ると次の通りである。

北御牧村が県の「ふるさとの味開発事業」を導入し、昭和六十三（一九八八）年 農業生活改善施設が完成。「北御牧村味の研究会」が発足し、村内産大豆を使ったおいしい豆腐や朝鮮人参味噌、きびもち、おやきなど地元農産物を使った製品が開発された。同年、中屋敷構造改善センター（公民館）が建設される。生活改善グループ員、婦人会が主導で「農業振興組合」が設立され、ブドウ団地からでる規格外のぶどうでジュースの加工をはじめる。

平成八（一九九六）年には温泉施設「湯楽里館」が完成後、東部町農畜産物利活用促進事業を導入し、味の研究会が中心になって「味工房ゆらり」として活動をはじめる。

平成十七（二〇〇五）年、組合員一六〇名が出資し、東御市農産物加工組合「信州味の里とうみ」が発足する。これまで多くの農産加工品を開発し、活動をつづけている。

豆腐づくり

加工品のいろいろ

②ヘルススクリーニング

昔の人たちは健康は二の次で、昼夜なく汗水流してよく働いた。働いて、働いて、動けなくなるほど具合が悪くなってから、医者にかかるような状況であったので、受診したときには手遅れだったり、治療が長引いたりすることが少なくなかった。

このような状況のなかで北御牧村では、昭和四十八（一九七三）年から「日常の健康管

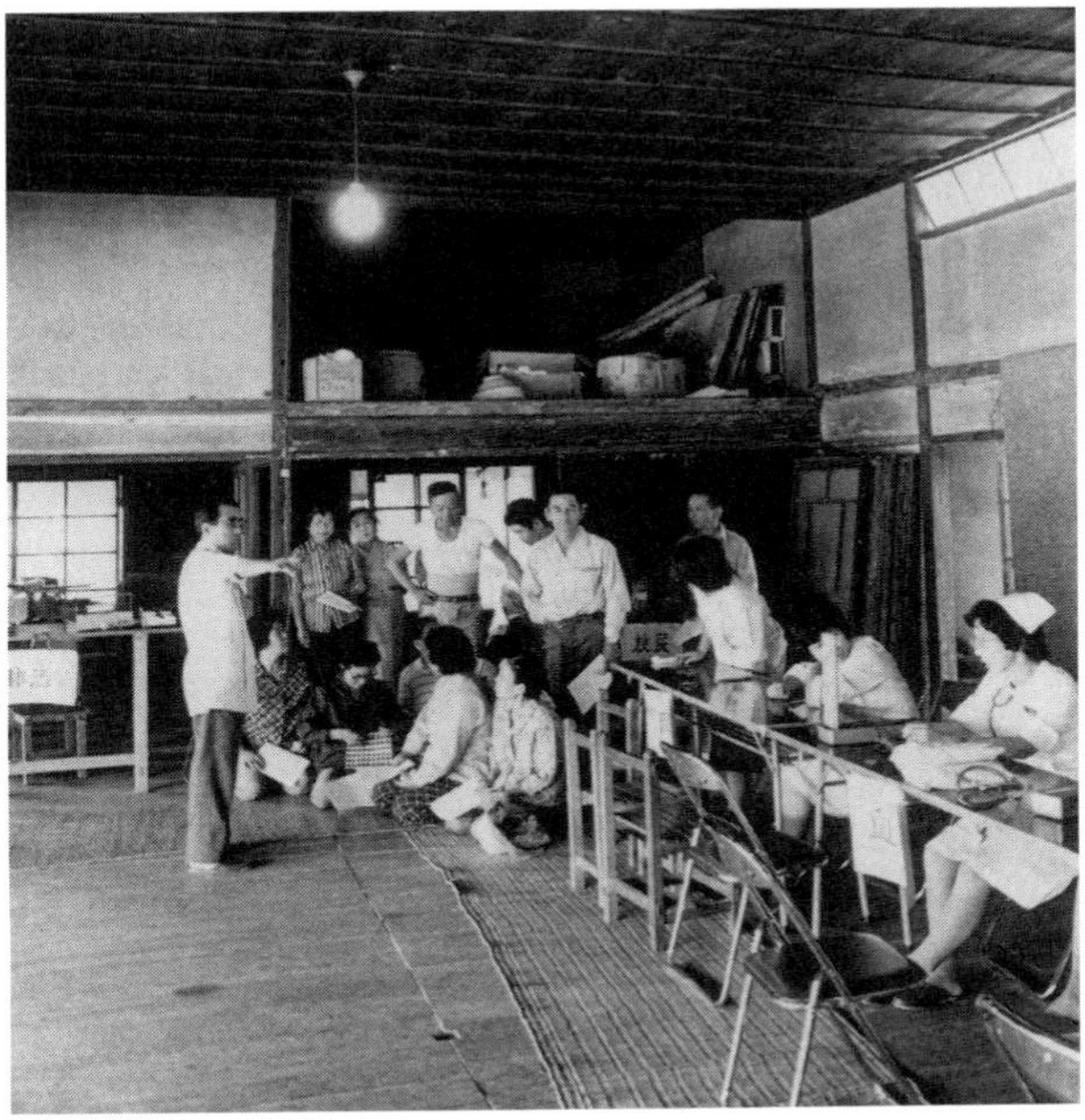

ヘルススクリーニング

理を」と地域住民に呼びかけ、三五歳以上の成人を対象に成人病検診をはじめた。その結果は異常なしが全体の三分の一ほどで、異常のある人の割合の方が圧倒的に高かった。

昭和五十（一九七五）年、役場と農協が協力し、ヘルススクリーニングの受診率アップとともに、受診結果で異常が見つかった人たちには、保健婦がＪＡ長野厚生連旧小諸厚生病院と連携しながら、再検査に連れて行ったり、生活改善の指導を行ったりして、ていねいに関わってきた。

コラム 8

農繁期の共同炊事

広報「とうぶまち」の編集委員をしていたころの話です。

昭和三十六（一九六一）年、西田沢公民館で「共同炊事」という画期的なことを行っているということで、生活改良普及員と取材に行きました。

行くと公民館の入り口には大きな鍋が備えつけてありました。その大鍋を使って、農家が一年で一番忙しくなる田植えと養蚕の時期のみの限定で、生活改善グループ員の小山みつるさんと竹花きくさんが二人で炊事をしていました。その手際のよさに感心しているうちに、カレーライスができ上がりました。それを家ごとに家族の人数分とり分け、バケツに入れて棚に収納します。夕方になると大勢の子どもたちがそのバケツを受け取りに来ました。小山さんはその子どもたちに、「カレーライスはスプーンで食べるんですよ」と呼びかけて

いました。カレーライスをスプーンで食べる習慣がまだなかった時代のことです。

西田沢地区には早くから生活改善グループがあり、台所改善や食生活改善など、新しい風をいち早く地域に吹き込もうと活動していました。当時、小山さんは東部町や小県郡、さらに県の生活改善グループ協議会の組織づくりをすすめ、初代会長をつとめました。おかげさまで私たちのグループ「大川さつき会」も創設から四五年を迎えて、今なお健在です。

（和　黒柳富子）

きびと健康と村おこし

「一家の健康管理は主婦の手で」、「成人病の早期発見・早期治療」を合い言葉に、昭和四十年代後半の旧北御牧村は、保健指導員や村議会議員、役場職員、農協職員が一丸となって、健康な村づくりに心血を注いでいました。やがて、ＪＡ長野厚生連旧小諸厚生病院の協力を得て集団健康スクリーニングが行われると、多くの貧血者が見つかったのです。

早速その問題解決のために学習を深め、きびに鉄分が多く含まれることを知ると、皆できび栽培をはじめることになりました。秋の収穫までには精黍機が農協にすえつけられ、七ｔほどのきびが収穫できました。収穫祭では、きび入りごはんやおかゆ、おこわ、もち、きび粉入りの桜もちやパウンドケーキをつくりましたが、どれもおいしかったです。

「貧血改善」という課題は保健指導員の双肩にかかっていました。そこで収穫祭を機に「きびご飯を食べよう運動」を起こし、調理に鉄製の鍋や釜を使用し、働き方も工夫するなどの活動をはじめたのです。こうした活動はすぐに実を結び、翌年の集団健診では二〇％を占めていた貧血症が半減していました。

うれしいことに、その後はきび焼酎などの加工品もさまざま開発され、きびは村の特産品になり、学校給食にもとり入れられました。このように、真剣に村に多かった「貧血」を改善しようと体を張って頑張ってきた保健指導員をはじめとした女性たちの活動は、村内でも一目を置かれるようになりました。まさに、こうした取り組みは「皆の叡智の結集こそが、村おこしの要である」との範を垂れたといえるでしょう。

（旧北御牧村元保健婦　土屋桃江）

第九章

東御市の特産品

東御市の特産品はどれも、少雨で日照時間が長く、気温の日較差が大きい気候や、粘土質の土壌と火山性壌土を生かして生産されている。

大正時代から本格的に栽培されるようになったクルミは、早くから先人たちによって品種選抜が行われ、優良系統が育成された結果、全国有数の生産量を誇る産地になっている。また、昭和三十年代に団地化が図られたぶどう（巨峰）は栽培技術の研究や統一した生産体制による品質管理、共同出荷の推進などにより、全国でも指折りの産地になっている。

そのほかにも、粘土質の土壌と気候を活かして栽培される、甘味と粘りをもった「八重原米」や「白土ばれいしょ」、明治時代に佐久地方から旧北御牧村に伝わった「薬用人参」なども生産者の数は減っているものの、東御市が誇る特産品の一つである。

クルミ

1 東御市に根づいた「クルミ」

①クルミ栽培ことはじめ

東御市のクルミの生産高は年間約九〇tで、全国有数のクルミ産地である。

クルミが日本に伝わった歴史は古く、原産地のペルシャ地方(現在のイラン付近)からシルクロードを経て、中国や朝鮮半島から日本にカシグルミが伝わった。日本でカシグルミの存在が認められるようになったのは室町時代中期(一五世紀ごろ)といわれ、中国や朝鮮から養蚕を教えにきた人たちがお土産として持ってきたという説もある。なぜなら、カシグルミの分布が養蚕のさかんな地方と一致しているからである(信濃史学会誌「信濃」に昭和二十六年二月号に発表)。

明治四十(一九〇七)年、御代田町小沼の中山丈平が、軽井沢町に別荘をもつアメリカ人の生糸貿易商からクルミの買いつけを依頼され、和村全域で六〇本しかなかった成木から二〇石のクルミを買いつけたのが、クルミの商品化(現金化)のはじまりである。

その後、大正四(一九一五)年秋に大正天皇即位御大典記念樹として、旧和村の全戸に苗木が一本ずつ配られ、集団植栽が奨励された。これと前後して、軽井沢町在住の外国人により西洋種のクルミが持ち込まれ、同種の繁殖と普及がさかんに行われるようになった。しかし、実生から育てたため、品種が安定せずに苦労した。そうしたなか、信州大学繊維学部の町田博教授は、これらの実生のクルミの系統を解明し、改良を加えて優秀な品種をつくり出すのに尽力した。

クルミは雌花と雄花が同時に開花せず、しかも品種によって開花時期にも早晩差があるため、集団栽培をすることにより花粉の交配が適時行われる。そのため、花粉交配によって変種を生じやすく、長い間実生によって増殖してきたためにさまざまな系統が存在する。そのなかでも古くに渡来したカシグルミとペルシャグルミが自然交雑してできた新種のクルミが、昭和六(一九三一)年に「シナノクルミ」と名づけられた。従来のものよりは殻が薄く、実が大きいのが特徴である。

この昭和初期のころは、農業恐慌により、とりわけ養蚕が不振におちいって農業経営に不安が広がっていたが、当時高値で取引されていたクルミに注目が集まり、「省力果樹」として県によっても栽培が奨励されたため、一気にクルミの栽培熱が高まった。

その後、西の和地区の竹内要人氏(開発品種:要鈴種)、東の滋野地区の清水直江氏(開発品種:清香、晩春種)のほか、中屋敷の大ぜいの先人たちが優良品種の選抜や育成に熱心に取り組んできた結果、生産量全国一位の礎を築くことになった。その生産量は昭和二十四（一九四九）年に上小地域全体で一三一、一二〇貫、そのうち和地区が一七、六〇〇貫、祢津地区一二、一〇〇貫、滋野地区一五、一〇〇貫と、三地区で上小地域全体の約三五％の生産量を占めた。

クルミの収穫

②品種や栽培技術の改良

長野県では優良クルミを選定し、接木による品種改良に取り組み、昭和三十三（一九五八）年から五ヶ年計画で旧東部四ヶ村で接木用母樹二〇本を選定した。ところが、昭和三十四（一九五九）年八月十四日の台風七号と一五号により、母樹を含めて一万五〇〇〇本が根こそぎ倒伏してしまった。その後、二〇本の母樹のうち回復させることができた九本に、長野県経済部から「シナノクルミの優良母樹」としての指令書が交付された。

そのころ、信州大学農学部の高馬進教授により温床を使った接木技術が開発された。その技術は一〇〇％接木の活着を成功させることができたため、台風の打撃を受けたクルミ産地にとって優良母樹の改植普及は大きな力となった。

当地区においても、昭和二十七（一九五二）年春から五〇〇〇本もの大量の接木実験が行われた。先の清水・竹内両氏をはじめ研究熱心な先人たちによって温床による接木が試され、昭和三十（一九五五）年春には活着率八〇～九〇％を達成することができ、その安定した接木技術は良質な形質のものが地域に広く浸透した。当時、クルミは粗放栽培されているような状態であったが、清水氏により、枝の間引き・枝透かしや施肥、病害虫駆除の必要性が指摘され、それらの栽培技術も地域に広がり、今でもクルミ農家に引き継がれている。

クルミの乾燥

旧東部町がクルミ産地として発展したのは、最初に西洋種であるペルシャグルミが入った軽井沢町に近かったこと。さらには、標高が五〇〇〜一〇〇〇mの高地にあり、土質の大部分は火山灰土を主とした混合土であること、しかも地形は南傾斜で地下水がつねに流動し、干ばつが長引いても、それに耐えうる保水力に富んでいること。さらには降水量も少なく、日照時間が長いという気候が、クルミ栽培に適していたからである。

とはいうものの、昭和四十年代になるとアメリカシロヒトリの多発によって、樹勢の低下に伴う品質低下や生産量の減少が生じ、そのうえ輸入自由化により、一時期栽培面積は減少した。

しかし近年、健康食品ブームのなかで再びクルミの栄養価が見直されるようになり、生産現場でも増植がすすめられて、栽培面積は今でも伸びている。現在、市営農場「サンファームとうみ」では、こうした動きをバックアップすべく、クルミの品種改良や育苗、栽培方法（新たに開発された品種を用いたわい化栽培）などの研究がすすめられている。

そのクルミを使った料理が大事なおもてなし料理としてふるまわれる。なかでも、クルミのおはぎや白和えは大変なごちそうであった。今でもこうしたクルミ料理やクルミを使ったおやつが家庭でつくられている。

2　ぶどう団地で栽培される巨峰

東御市といえば特産物として誰もが知るのは、ぶどうの「巨峰」である。しかしながら、有名な産地になるまでには、幾多の苦難の経緯があった。

昭和三十六（一九六一）年、長野県下初の農業近代化モデル事業を推進する地区として、旧東部町の滋野地区中屋敷が選ばれ、圃場を集団化してぶどうを栽培することになった。モデル事業に手をあげるまでには相当な苦労があったが、選ばれた時にはその苦労も忘れ、これからのぶどう栽培への夢と期待に胸がふくらみ、喜びいっぱいであった。

圃場整備には二年を要し、山梨県の棚張り技師の指導を受けて一二haのぶどう棚ができ上がった。栽培するぶどうの品種が「巨峰」と決まったのはよかったものの、県の奨励品種と違っていた上に、苗木が日本巨峰会会員でなければ入手できないなど、大きな壁にぶつかった。

こうしたなかで、すでに栽培に着手していた和地区の竹内省吾氏と滋野地区の清水純一氏が架け橋となって、栽培者全員が日本巨峰会の会員になることで苗木の確保ができることになり、ようやく昭和三十七（一九六二）年から巨峰栽培がはじまった。そして、三年後の昭和四十（一九六五）年に初出荷することができた。当初は木箱での出荷あったが、昭和四十三（一九六八）年からはダンボール箱での出荷に切り替わった。

ぶどうの技術講習会

ぶどうの直売

栽培開始から五〇年以上の時を経て、今では巨峰は種無し処理による栽培が多くなり、品種もナガノパープルやシャインマスカットなど多彩になってきている。令和元（二〇一九）年現在、組合員は三〇二戸、総面積は約一〇〇haに拡大し、生食用の販売だけでなく、ジュースなどの加工事業も行うようになった。毎年九月には「巨峰の王国まつり」が開かれ、県内外から巨峰を求めてたくさんのお客が訪れている。

3　そのほかの特産品

①じっくり育てる薬用人参（高麗人参）

薬用人参は明治時代に佐久地方から旧北御牧村に伝わり、その後この地で栽培がさかんになった。最盛期には八〇〇軒もの栽培農家があり、日本での三大産地のひとつといわれるほどであった。しかしながら、生産過剰や円高による輸出の不振などが重なった上に、品質問題などが発生して、一時期値下がり傾向になった。そのため、量より質に重点が置かれるようになり、昭和四十（一九六五）年ころから徐々に栽培農家が減りはじめ、現在では栽培農家は三〇軒ほどになっている。

薬用人参の圃場

八重原米

白土ばれいしょ

質のよい薬用人参を栽培するためには、土壌改良を行ったうえで、種を播いて二年後に発芽したあとは土壌の水分管理や消毒、移植などを行って、最低でも五〜六年はじっくり土の中で育てる必要がある。このように収穫までに長い期間がかかり、栽培上の苦労が多いことも栽培農家が減少する要因になったと考えられる。

発芽して間もない二年ものは間引きして天ぷらに、五、六年を経て粗悪品で出荷できないものは薬用として紅参や白参などに加工したり、生で焼酎漬けにしたりして滋養強壮・疲労回復などの妙薬として重宝する。

②甘味と粘りの八重原米

全国有数のうまい米である八重原米は、八重原用水と粘土質の土のめぐみによるものである。万治三（一六六〇）年、水資源の乏しい八重原台地に黒澤嘉兵衛によって蓼科山を基点に約五五㎞の八重原用水が開削され、稲作専用の用水路が完成した。以来、約三六〇年あまりにわたって八重原台地を潤してきたミネラル豊富な清水と台地特有の強粘土質の土、標高七〇〇mの寒暖差が大きい気候が八重原米を育ててきた。

その米は冷めても甘味と粘りがあり、ごはんだけでも十分で、おかずがいらないほどのおいしさといわれ、今では八重原米は東御市が誇るブランド米となっている。

③色白で特有の粘りと甘味をもつ白土ばれいしょ

白い強粘土質の土壌と準高冷地で降水量が少ない環境にある御牧原台地で生産される男爵いもを、当地では「白土ばれいしょ」と呼んでいる。外皮が薄く、白くて光沢のある美肌が特徴となっている。中身も色白で特有の粘りと甘味をもち、通常

のじゃがいもに比べてデンプンが多く含まれ、粉が吹くホクホク感が絶品である。

出荷は七月中旬から十月ごろまでで、以前は市場への出荷が中心で地元ではあまり目にすることができなかったが、今では市内の直売所でも販売され、市内の学校給食にも出されている。

近年は後継者不足から生産量が年々減少しているが、その希少価値に人気は高まっている。

コラム 9

全国一のクルミの里

カシグルミは栄養価が高く、将来的に需要も見込めることから、農家にぜひ一本は欲しいもの。その考えで、組合では大正四（一九一五）年秋、大正天皇即位御大典記念樹として旧和村と旧滋野村を中心に全戸に苗木を一本ずつ配り、集団植栽を奨励しました。これにより、烏帽子のふもとに広がる「クルミの里」ができたのです。

組合は昭和六（一九三一）年からクルミの集荷をはじめましたが、県が省力果樹として植栽を奨励したこともあり、昭和三十（一九五五）年には和村全体でクルミの木は六五〇〇本あまりになり、一戸あたりの本数も七本に増加しています。そして、滋野の清水直江氏や西（和）の竹内要人氏ほか、優良品種の選抜育成に熱心な先人たちにより、クルミ生産量全国一の礎を築いてきました。

その後、昭和三十四（一九五九）年八月の台風七号による被害、昭和四十年代のアメリカシロヒトリの大発生や外国からの輸入クルミの増加などによって、栽培面積は減少の一途をたどりました。それでも紆余曲折を経て、近年は健康ブームのなか、再び東御市のクルミのすばらしさが全国から注目されるようになっています。これも市営農場「サンファームとうみ」でのクルミの品種改良や育苗、栽培技術などの研究成果によるところが非常に大きいことは言うまでもありません。

和小学校・中学校校歌の一節に「むつまじく実るクルミはその中に　夢を育てる　いとけない子どもの夢を」と歌われているように、生でよし、干してよし、この美味なる木の実を愛し、後々まで伝えていきたいものです。

（和　竹内爾恵子）

伝えたい東御市の郷土食

——アンケート調査から

郷土食は、その土地の自然・風土に合わせて栽培されてきた農作物を使って、先人たちが長年にわたってさまざまな工夫をこらしながら日々調理・加工し、食べてきたものであり、地域や家の中で「地域の味・家の味」として連綿と引き継がれ、伝えられてきたものである。

しかし、国内外の食材や食品の流通がさかんになった近年は、ここ東御市でも季節感の乏しい食材が店頭に並び、どこへ行っても同じものがそろうようになり、その土地ならではという地域性や季節感が薄れてきているように思われる。

そこでとうみ食の風土記編纂委員会では市民を対象に、伝承していきたい郷土食についてアンケートを実施した。

【調査　その1】

東御市民が昔はよく食べたという二六

A　郷土食別の知名度、食経験の有無、つくる技術の有無

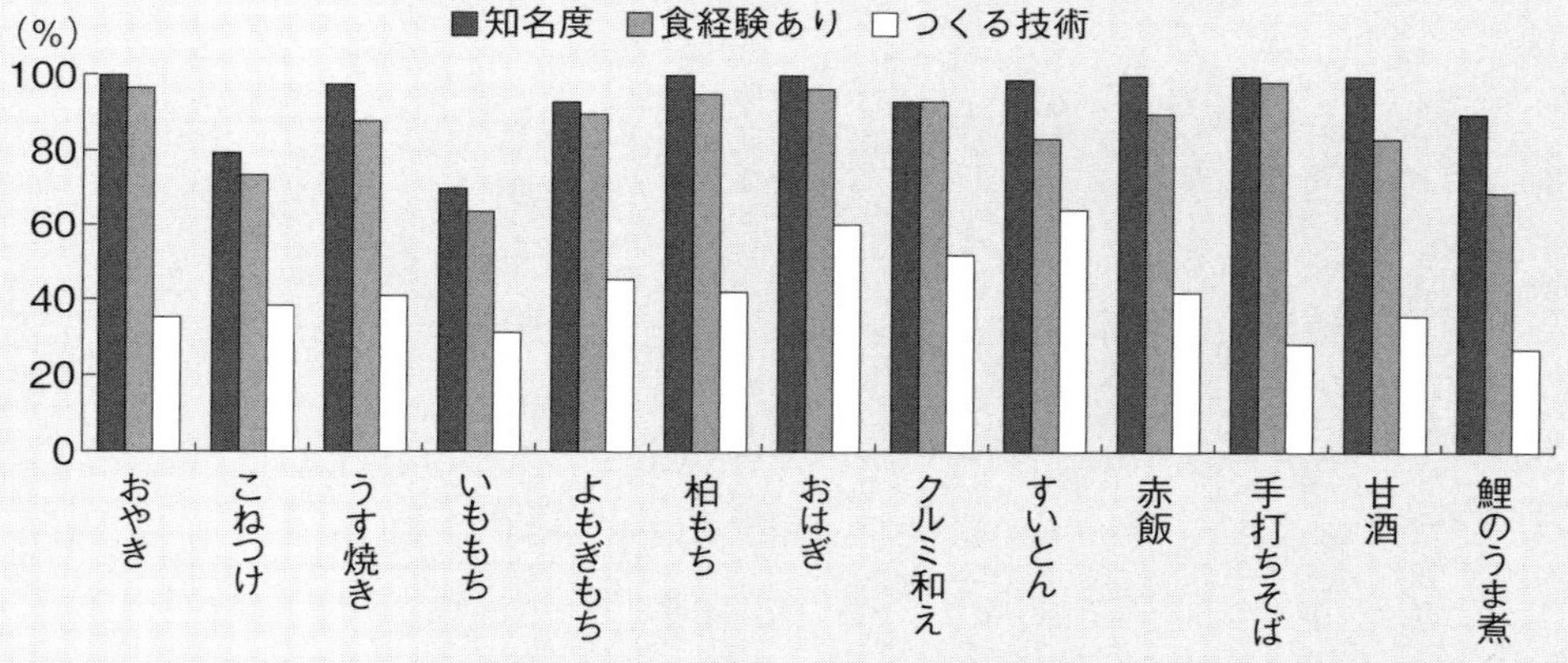

B　年代別のつくる技術の有無

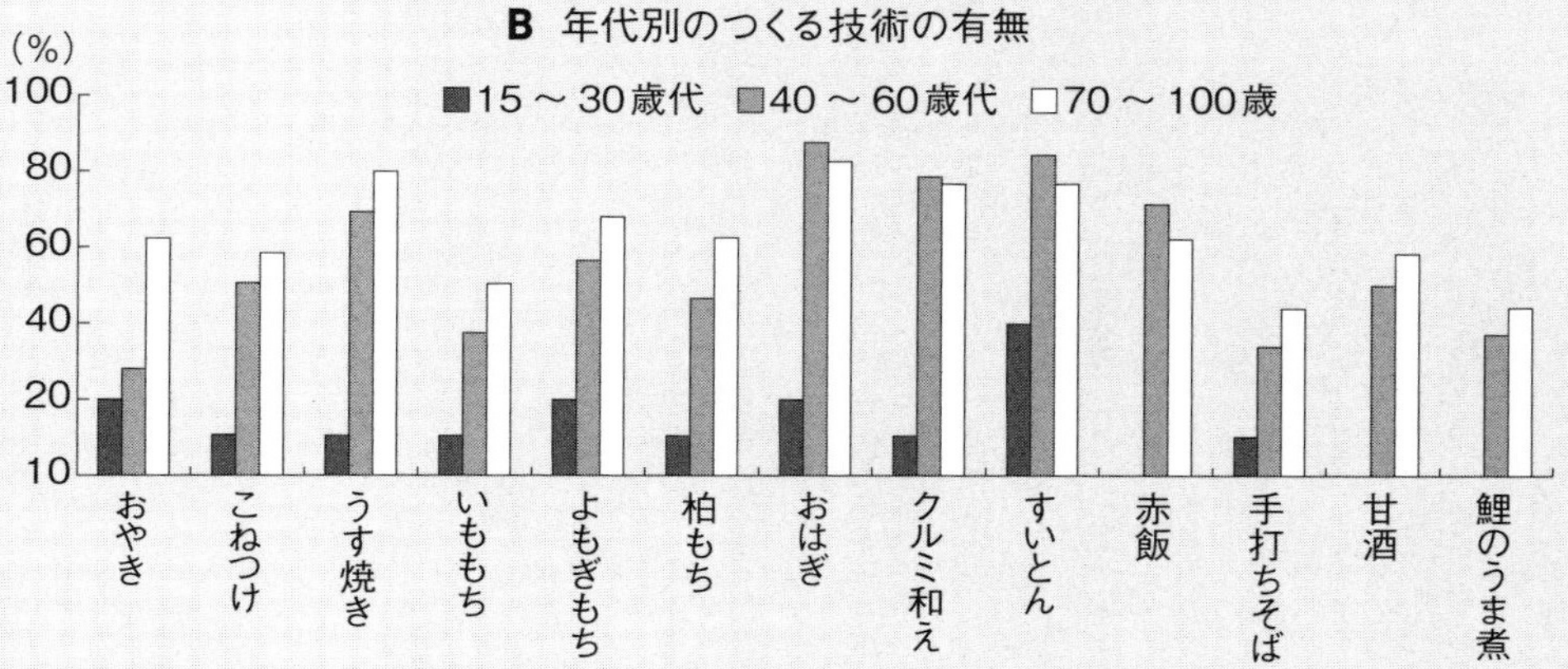

種類の郷土食（料理・おやつ）について、①知名度、②食経験、③つくる技術をアンケート調査して七六人から回答を得た。

その結果、郷土食については「知っている」、また「食べた経験がある」が、自分では「つくれない」という実態がわかってきた。

調査した二六種類の郷土食から一三種類を選び、その知名度、食経験、つくる技術の有無について料理別に調べた結果をグラフAに示している。さらに料理ごとに「つくる技術」の有無について年代別に調べたのが、グラフBである。

一五～三〇歳代は、料理全般について「つくる技術」がある人は圧倒的に少ない。四〇～六〇歳でも六割以上がつくれるものは一三種類中で五種類（うす焼き、おはぎ、クルミ和え、すいとん、赤飯）しかない。七〇歳以上になると、六割以上がつくれる料理は八種類と増えるが、おやきやこねつけ、いももち、手打ちそば、鯉のうま煮になると五割をきり、予想以上につくれない人が多いことがわかった。

アンケート

以上のように「食経験はある」が「つくる技術」が少ないということは、自分ではつくらずに、買ってきて食したことがあるということであろう。

［調査　その2］

イベント会場に郷土食の試食コーナーを設け、伝承していきたい郷土食についてアンケートを実施した。食べた人からは「おいしい」、「なつかしい」、「おばあちゃんがつくってくれた」などの反応があり、次のようにいろいろな意見があった。

一五～三〇歳

・手軽に食べられるものが多くなってきているが、郷土食は昔の人が考えて伝えてきた知恵があるものなので、尊敬して食べたり、自分でもつくったりしてみたい。

三一～六〇歳

いきいきサロン

伝承していきたいと思う郷土食ランキング

イベントで実施したアンケート調査結果より

（複数回答／令和元年　回答者数 172 人）

順位	郷土料理名	伝えたいと思う人数
1位	おやき	145
2位	おはぎ	90
3位	すいとん	89
4位	にらせんべい	88
5位	クルミ和え	76
6位	赤飯	70
7位	手打ちそば	68
8位	こねつけ	67
9位	鯉こく・鯉のうま煮	66
10位	梅漬け	54

・子どもが生まれてから、郷土食を受け継いでいきたいと思うようになった。

・世代間交流にもなるので、伝承のための講習会があるといい。

六一歳〜

・関心がなくなってきて、自分もつくらなくなった。

・お金さえ出せばいい時代だが、これでいいだろうか。

・郷土食はおいしくて、健康にもよいと思う。

・孫たちにつくって食べさせたい。

このように、年配者は郷土食を伝えたいという思いを強く持ち、若者たちはそれを伝えて欲しい、つくり方を教えて欲しいと望んでいる。今後は若い世代を対象に郷土食伝承講座を開催したり、学校の児童生徒への食育活動等をすすめていきたい。

編集後記

●地域の行事や伝統食の意味を伝える

唐澤しづ子

「食の風土記」の編纂に関わり、多くのことを学ぶことができました。先輩の方たちから昭和三十年代のことをお話いただき、忘れかけていた子どものころがなつかしく思い出されました。

今の生活は便利になってよいこともありますが、昔のことを思い返してみると家族みんなで農作業をしたり、食事も役割分担で支え合ったりしてきました。食卓はわいわいとにぎやかで楽しかったものです。また、地域の行事食もみんなで仲よく協力して料理し、伝授、継承されてきたものでした。しかし、今ではそれも数少なくなりました。そこで、いろいろな行事や伝統食を伝えていかなければ途絶えてしまうと感じています。一人でも多くの人たちにこの「風土記」を読んでいただき、活用して欲しいと願っています。

●祖母や母の手づくりの味を子へ、孫へ

小川原美代子

昭和三十年代は私の子ども時代です。その当時の生活や食を調べるうちにさまざまなことを思い出し、生活の豊かさを求める時代とともに成長してきたのだなと実感しました。

今、毎日の食卓には母がつくってくれたものと同じような料理が並びます。年齢によって食の好みは変化してきましたが、幼いころに食べた味はなつかしさもあり、おいしく体に優しく感じ、まさにおふくろの味に戻っています。

昔から受け継がれ、祖母や母に食べさせてもらった手づくりの味を、今、私が子や孫たちにも伝えていく年齢になりました。この本の編纂に携われたことをうれしく思います。そして、この土地の食文化を家族や地域の人たちに長く引き継がれるように伝えていきたいと思います。

●学びが多かった編纂作業

佐藤敏子

十分なお手伝いはできませんでしたが、編纂を通じていろいろなことを学ばせていただきました。

●美しい田園と豊かな郷土食をつなげる

川上貞子

東御市は湯の丸と烏帽子岳を背に緩やかに南に傾斜する地帯で、千曲川を挟んで東部町と北御牧村が合併した豊かな田園地帯です。それぞれの地に命をつないできた伝統的な郷土料理や豊かな食文化があります。しかし今、便利さに流されて家族の食卓からそれらが途絶えようとしています。「昭和三十年代の

食を見直そう」と立ち上がり、次世代に残す風土記の編纂に関われたことに感謝しています。

東御市の「美しい田園」と「豊かな郷土料理」が若い世代につながりますように。

●よい体験だった先輩方への聞き取り

小林妙子

九十歳近い女性に昭和三十年代の暮らしをお聞きすることができ、よい体験になりました。「子どもの面倒と食事つくりは姑が取り仕切ってやってくれたから、毎日、野良仕事ばかりだった。お勝手に立つようになって、自分でつくったじゃがいもの煮物が一番おいしいと感じた」と話されました。そして、出してくれた凍み大根の煮物の味は絶品でした。

長年の暮らしを凝縮させたその味をレシピに再現し、スタッフで料理を持ち寄ったり、写真に撮ったり、責任の重い作業でしたが、先輩方の暮らしをお聞きしながら、子どものころのことを思い出しました。

日々の食事づくりの参考にしていただけたら幸いです。

●三世代の暮らしで身についた行事食

黒柳富子

あまりお手伝いできませんでしたが、池田先生のご指導や編纂に関わった皆さんの情熱に身が引き締まる思いで、感謝です。

夫のもとに嫁いで、夫の祖父母や父母、そして私たちの三世代の暮らしでしたが、そこには昔からの慣例としてつくってきた行事食がありました。それが今では自分のなかに根づいているように思います。これからも、時に触れ、折に触れ、若い人たちの食習慣と融合しながら伝統食の継承をしていきたいと思います。

●東御市のクルミの味を伝え継ぐ

竹内爾恵子

昭和三十九（一九六四）年、結婚の記念樹にと清水直江氏にいただいた「クルミの樹」は、もう五七年、幹の太さは二八〇cmの大木となり、今年もおいしい実を落としました。

和に生まれ育った私の眼に映る景色のなかにはいつも「クルミの樹」があり、郷里の食卓にはつねに母の「クルミ味噌」がありました。わが家のごちそうの一つは「クルミおはぎ」です。田作りとクルミのあめがけは子どもや孫の大好物で、この味を伝え継いでいきたい。ただそれだけです。委員の一人として末尾に加えていただき、本当に感謝です。

●行事と食の関わりに興味が湧く

宮澤照代

はじめのころは、漠然とした気持ちでいましたが、文献・資料で調べるうちにいろいろと知ることができて、次第に気持ちが乗ってきました。「食文化と行事」が担当で、一年の行事と食の関係を調べました。行事は神仏に関わりが深く、「ごちそう」を供えて、家族一同で感謝していただきます。その行事食は自分たちが元気で精一杯働きつづけられる源を知らせてくれているのではないかと思われます。

私はこの土地で生まれ育ち、農業をしています。「土地」を大切にして果樹を植え、お天気を気にして「お日様」に感謝しています。池田先生や楢原会長、編纂委員の皆さんの力でできた上がった本がずっと読み継がれていくことを願っています。

●先人の努力が今につながっている

小山美智子

「風土記」の発刊に向けて「一緒にやろう」と声をかけられ、気軽に関わることになりました。池田先生のご指導で取り組みはじめましたが、その奥の深さに戸惑いを感じながら、やれることをやるしかないと決め、活動してきました。

この活動を通して、先人の努力が今につながっていることを知るよい機会になりました。この土地の農業や食べものは、先人が並々ならぬ知恵と努力で築きあげてきたことが資料や聞きとりで少し見えてきました。そして、書き残すことの大切さもわかりました。この風土記が次世代への橋渡しとなることを願うところです。

●勇気づけられた一三歳男子の感想

土屋桃江

食の風土記の編纂委員になって「編纂の妙味」を味わいました。一日三回食べることで人の命を支える食べものですが、その幅がここまで広がったことは素晴らしいことです。しかし、その裏で幾人が命を落としたことだろうと思いました。その一方で、食べものを干す、漬ける、囲うなどの方法を編み出した先人の知恵に思いを馳せることができました。

奇しくもアンケートの自由筆記に一三歳の男の子が、「手軽に食べられる物が増えているなか、昔の人が考えた知恵を尊敬し、できた郷土食を広げて、沢山食べていってもらいたい」と書いています。感動するとともに勇気づけられました。

食を振り返り、実態を知るなかで「はっきりと伝える側に立っている自分」を認識しました。これまで食べてきた「先人の知恵の結晶である郷土食」に誇りをもって伝えていきたいと思います。

●記憶に残る味を孫に伝えたい

関　智子

昭和四十年代、私は小学生でした。五月になると毎年、味噌の仕込みを行ったものです。座敷の畳を上げ、麹づくりから仕込みまで行う本格的なものでした。その時に鍋にいっぱいの「甘酒」もつくられました（鍋は底の黒いツルのある大きな鍋だった記憶があります）。その甘酒で、祖母がよくせんべい焼きをつくってくれました。味噌の風味と甘酒のやさしい甘さがとても楽しみでした。

また、あんこがどっさり入った皮が厚めの「おまんじゅう」は重曹の効いた黄色い皮で、ちょっぴり苦いまんじゅうでした。八月一日のお墓参りの日には必ずつくっていましたが、おまんじゅうづくりの時、私は団扇であおぐ役で、湯気の向こうに黄金色に光っていたまんじゅうを思い出します。

その私が今年、おばあちゃんになりました。いつまでも記憶に残る味を孫にも伝えてあげたいと思います。そのことを今回の風土記編纂に携わって強く感じました。

●郷土食でぬくもりの心もつながる

荻原妙子

約三年間を費やして、でき上がった「信州東御　食の風土記」には感慨深いものがあります。改めて「郷土の食」について学びました。そして、その土地にあった郷土食は先人の知恵と努力の賜物と感謝の気持も湧きました。

今、郷土食をつくらない人が多いといいます。「おやき」や「クルミおはぎ」は馴染みの郷土食ですが、手づくりをしてもって行くと、「つくり方教えて」とよくいわれます。

郷土の食材で手づくりする心のこもった郷土食は安心でおいしく、一味違うと見直されてきています。そして、自分でつくってみたいと望む人も多くなっています。この本がお役に立ち、親から子へ、孫へと郷土の味が。そしてぬくもりの心がつながっていくことを願っています。

〈引用・参考文献〉

『東部町誌』（東部町町誌編纂委員会編）
『東部町歴史年表』（東部町町誌編纂委員会編）
『ひだまりの町の半世紀　ふるさとは光の中に』（東部町発行）
『北御牧村史』（北御牧村誌編纂委員会編）
『北御牧時報縮刷版』（北御牧村発行）
『クルミは世界をめぐる』（日本くるみ会議発行）

編纂委員

[編纂委員]

監修　池田玲子

編集　とうみ食の風土記編纂委員会

　　会　長　楢原由紀子

　　副会長　唐澤しづ子

　　委　員　小川原美代子／川上貞子／小林妙子／黒栁富子

　　　　　　竹内爾恵子／宮澤照代／小山美智子／荻原妙子

　　　　　　関智子／土屋桃江／佐藤敏子

　　顧　問　佐藤千枝

[資料提供協力者ほか]（敬称略・個人は50音順）

押鐘光治、唐澤けい子、高地晴美、髙藤きくみ、田口てる子、保科富子、矢嶋征雄、柳沢えい子

東御市教育委員会／東御市産業経済部農林課

東御市食生活改善推進協議会

[挿絵・イラスト]

高藤俊幸

[事務局]

東御市健康福祉部健康保健課

信州東御《とうみ》　食の風土記

2020年2月15日　第1刷発行

編集・発行　とうみ食の風土記編纂委員会

発売　一般社団法人 農山漁村文化協会
〒107-8668 東京都港区赤坂7-6-1
TEL. 03-3585-1142（営業）　03-3585-1144（編集）
FAX. 03-3585-3668　振替 00120-3-144478
URL http://www.ruralnet.or.jp/

ISBN978-4-540-19115-2
〈検印廃止〉
DTP制作　株式会社農文協プロダクション
印刷・製本　凸版印刷株式会社